ÁRABE
VOCABULÁRIO

PALAVRAS MAIS ÚTEIS

PORTUGUÊS ÁRABE

Para alargar o seu léxico e apurar as suas competências linguísticas

5000 palavras

Vocabulário Português-Árabe - 5000 palavras
Por Andrey Taranov

Os vocabulários da T&P Books destinam-se a ajudar a aprender, a memorizar, e a rever palavras estrangeiras. O dicionário é dividido em temas, cobrindo todas as principais esferas de atividades quotidianas, negócios, ciência, cultura, etc.

O processo de aprendizagem, utilizando os dicionários baseados em temáticas da T&P Books dá-lhe as seguintes vantagens:

- Informação de origem corretamente agrupada predetermina o sucesso em fases subsequentes da memorização de palavras
- Disponibilização de palavras derivadas da mesma raiz, o que permite a memorização de unidades de texto (em vez de palavras separadas)
- Pequenas unidades de palavras facilitam o processo de estabelecimento de vínculos associativos necessários para a consolidação do vocabulário
- O nível de conhecimento da língua pode ser estimado pelo número de palavras aprendidas

Copyright © 2019 T&P Books Publishing

Todos os direitos reservados. Nenhuma parte desta publicação pode ser reproduzida, total ou parcialmente, por quaisquer métodos ou processos, sejam eles eletrónicos, mecânicos, de fotocópia ou outros, sem a autorização escrita do editor. Esta publicação não pode ser divulgada, copiada ou distribuída em nenhum formato.

T&P Books Publishing
www.tpbooks.com

ISBN: 978-1-78716-775-9

Este livro também está disponível em formato E-book.
Por favor visite www.tpbooks.com ou as principais livrarias on-line.

VOCABULÁRIO ÁRABE
palavras mais úteis

Os vocabulários da T&P Books destinam-se a ajudar a aprender, a memorizar, e a rever palavras estrangeiras. O vocabulário contém mais de 5000 palavras de uso comum organizadas tematicamente.

O vocabulário contém as palavras mais comummente usadas
Recomendado como adicional para qualquer curso de línguas
Satisfaz as necessidades dos iniciados e dos alunos avançados de línguas estrangeiras
Conveniente para o uso diário, sessões de revisão e atividades de auto-teste
Permite avaliar o seu vocabulário

Características especias do vocabulário

- As palavras estão organizadas de acordo com o seu significado, e não por ordem alfabética
- As palavras são apresentadas em três colunas para facilitar os processos de revisão e auto-teste
- As palavras compostas são divididas em pequenos blocos para facilitar o processo de aprendizagem
- O vocabulário oferece uma transcrição simples e adequada de cada palavra estrangeira

O vocabulário contém 155 tópicos incluindo:

Conceitos básicos, Números, Cores, Meses, Estações do ano, Unidades de medida, Roupas & Acessórios, Alimentos & Nutrição, Restaurante, Membros da Família, Parentes, Caráter, Sentimentos, Emoções, Doenças, Cidade, Passeios, Compras, Dinheiro, Casa, Lar, Escritório, Trabalho no Escritório, Importação & Exportação, Marketing, Pesquisa de Emprego, Desportos, Educação, Computador, Internet, Ferramentas, Natureza, Países, Nacionalidades e muito mais ...

TABELA DE CONTEÚDOS

Guia de pronunciação	9
Abreviaturas	11

CONCEITOS BÁSICOS	12
Conceitos básicos. Parte 1	12

1. Pronomes	12
2. Cumprimentos. Saudações. Despedidas	12
3. Como se dirigir a alguém	13
4. Números cardinais. Parte 1	13
5. Números cardinais. Parte 2	14
6. Números ordinais	15
7. Números. Frações	15
8. Números. Operações básicas	15
9. Números. Diversos	15
10. Os verbos mais importantes. Parte 1	16
11. Os verbos mais importantes. Parte 2	17
12. Os verbos mais importantes. Parte 3	18
13. Os verbos mais importantes. Parte 4	19
14. Cores	19
15. Questões	20
16. Preposições	21
17. Palavras funcionais. Advérbios. Parte 1	21
18. Palavras funcionais. Advérbios. Parte 2	23

Conceitos básicos. Parte 2	25

19. Dias da semana	25
20. Horas. Dia e noite	25
21. Meses. Estações	26
22. Unidades de medida	28
23. Recipientes	28

O SER HUMANO	30
O ser humano. O corpo	30

24. Cabeça	30
25. Corpo humano	31

Vestuário & Acessórios	32

26. Roupa exterior. Casacos	32
27. Vestuário de homem & mulher	32

28. Vestuário. Roupa interior	33
29. Adereços de cabeça	33
30. Calçado	33
31. Acessórios pessoais	34
32. Vestuário. Diversos	34
33. Cuidados pessoais. Cosméticos	35
34. Relógios de pulso. Relógios	36

Alimentação. Nutrição	**37**
35. Comida	37
36. Bebidas	38
37. Vegetais	39
38. Frutos. Nozes	40
39. Pão. Bolaria	41
40. Pratos cozinhados	41
41. Especiarias	42
42. Refeições	43
43. Por a mesa	43
44. Restaurante	44

Família, parentes e amigos	**45**
45. Informação pessoal. Formulários	45
46. Membros da família. Parentes	45

Medicina	**47**
47. Doenças	47
48. Sintomas. Tratamentos. Parte 1	48
49. Sintomas. Tratamentos. Parte 2	49
50. Sintomas. Tratamentos. Parte 3	50
51. Médicos	51
52. Medicina. Drogas. Acessórios	51

HABITAT HUMANO	**53**
Cidade	**53**
53. Cidade. Vida na cidade	53
54. Instituições urbanas	54
55. Sinais	55
56. Transportes urbanos	56
57. Turismo	57
58. Compras	58
59. Dinheiro	59
60. Correios. Serviço postal	60

Moradia. Casa. Lar	**61**
61. Casa. Eletricidade	61

62. Moradia. Mansão	61
63. Apartamento	61
64. Mobiliário. Interior	62
65. Quarto de dormir	63
66. Cozinha	63
67. Casa de banho	64
68. Eletrodomésticos	65

ATIVIDADES HUMANAS	**66**
Emprego. Negócios. Parte 1	**66**
69. Escritório. O trabalho no escritório	66
70. Processos negociais. Parte 1	67
71. Processos negociais. Parte 2	68
72. Produção. Trabalhos	69
73. Contrato. Acordo	70
74. Importação & Exportação	71
75. Finanças	71
76. Marketing	72
77. Publicidade	72
78. Banca	73
79. Telefone. Conversação telefónica	74
80. Telefone móvel	75
81. Estacionário	75
82. Tipos de negócios	75

Emprego. Negócios. Parte 2	**78**
83. Espetáculo. Feira	78
84. Ciência. Investigação. Cientistas	79

Profissões e ocupações	**80**
85. Procura de emprego. Demissão	80
86. Gente de negócios	80
87. Profissões de serviços	81
88. Profissões militares e postos	82
89. Oficiais. Padres	83
90. Profissões agrícolas	83
91. Profissões artísticas	84
92. Várias profissões	84
93. Ocupações. Estatuto social	86

Educação	**87**
94. Escola	87
95. Colégio. Universidade	88
96. Ciências. Disciplinas	89
97. Sistema de escrita. Ortografia	89
98. Línguas estrangeiras	90

Descanso. Entretenimento. Viagens	92
99. Viagens	92
100. Hotel	92
EQUIPAMENTO TÉCNICO. TRANSPORTES	**94**
Equipamento técnico. Transportes	**94**
101. Computador	94
102. Internet. E-mail	95
103. Eletricidade	96
104. Ferramentas	96
Transportes	**99**
105. Avião	99
106. Comboio	100
107. Barco	101
108. Aeroporto	102
Eventos	**104**
109. Férias. Evento	104
110. Funerais. Enterro	105
111. Guerra. Soldados	105
112. Guerra. Ações militares. Parte 1	106
113. Guerra. Ações militares. Parte 2	108
114. Armas	109
115. Povos da antiguidade	111
116. Idade média	111
117. Líder. Chefe. Autoridades	113
118. Viloação da lei. Criminosos. Parte 1	114
119. Viloação da lei. Criminosos. Parte 2	115
120. Polícia. Lei. Parte 1	116
121. Polícia. Lei. Parte 2	117
NATUREZA	**119**
A Terra. Parte 1	**119**
122. Espaço sideral	119
123. A Terra	120
124. Pontos cardeais	121
125. Mar. Oceano	121
126. Nomes de Mares e Oceanos	122
127. Montanhas	123
128. Nomes de montanhas	124
129. Rios	124
130. Nomes de rios	125
131. Floresta	125
132. Recursos naturais	126

A Terra. Parte 2   128

133. Tempo   128
134. Tempo extremo. Catástrofes naturais   129

Fauna   130

135. Mamíferos. Predadores   130
136. Animais selvagens   130
137. Animais domésticos   131
138. Pássaros   132
139. Peixes. Animais marinhos   134
140. Amfíbios. Répteis   134
141. Insetos   135

Flora   136

142. Árvores   136
143. Arbustos   136
144. Frutos. Bagas   137
145. Flores. Plantas   138
146. Cereais, grãos   139

PAÍSES. NACIONALIDADES   140

147. Europa Ocidental   140
148. Europa Central e de Leste   140
149. Países da ex-URSS   141
150. Asia   141
151. América do Norte   142
152. América Central do Sul   142
153. Africa   143
154. Austrália. Oceania   143
155. Cidades   143

GUIA DE PRONUNCIAÇÃO

Alfabeto fonético T&P	Exemplo Árabe	Exemplo Português
[a]	[ṭaffa] طَفَّى	chamar
[ā]	[ixtār] إختار	rapaz
[e]	[hamburger] هامبورجر	metal
[i]	[zifāf] زفاف	sinónimo
[ī]	[abrīl] أبريل	cair
[u]	[kalkutta] كلكتا	bonita
[ū]	[ʒāmūs] جاموس	trabalho
[b]	[bidāya] بداية	barril
[d]	[saʿāda] سعادة	dentista
[ḍ]	[waḍʿ] وضع	[d] faringealizaçāda
[ʒ]	[arʒantīn] الأرجنتين	talvez
[ð]	[tiðkār] تذكار	[z] - fricativa dental sonora não-sibilante
[ẓ]	[ẓahar] ظهر	[z] faringealizaçāda
[f]	[xafīf] خفيف	safári
[g]	[gūlf] جولف	gosto
[h]	[ittiʒāh] إتّجاه	[h] aspirada
[ḥ]	[aḥabb] أحبّ	[h] faringealizaçāda
[y]	[ðahabiy] ذهبيّ	géiser
[k]	[kursiy] كرسيّ	kiwi
[l]	[lamaḥ] لمح	libra
[m]	[marṣad] مرصد	magnólia
[n]	[ʒanūb] جنوب	natureza
[p]	[kaputʃīnu] كابتشينو	presente
[q]	[waθiq] وثق	teckel
[r]	[rūḥ] روح	riscar
[s]	[suxriyya] سخريّة	sanita
[ṣ]	[miʿṣam] معصم	[s] faringealizaçāda
[ʃ]	[ʿaʃāʾ] عشاء	mês
[t]	[tannūb] تنّوب	tulipa
[ṭ]	[xarīṭa] خريطة	[t] faringealizaçāda
[θ]	[mamūθ] ماموث	[s] - fricativa dental surda não-sibilante
[v]	[vitnām] فيتنام	fava
[w]	[waddaʿ] ودّع	página web
[x]	[baxīl] بخيل	fricativa uvular surda
[ɣ]	[taɣadda] تغدّى	agora

Alfabeto fonético T&P	Exemplo Árabe	Exemplo Português
[z]	[mā'iz] ماعز	sésamo
['] (ayn)	[sab'a] سبعة	fricativa faríngea sonora
['] (hamza)	[sa'al] سأل	oclusiva glotal

ABREVIATURAS
usadas no vocabulário

Abreviaturas do Árabe

du	-	substantivo plural (duplo)
f	-	nome feminino
m	-	nome masculino
pl	-	plural

Abreviaturas do Português

adj	-	adjetivo
adv	-	advérbio
anim.	-	animado
conj.	-	conjunção
desp.	-	desporto
etc.	-	etecetra
ex.	-	por exemplo
f	-	nome feminino
f pl	-	feminino plural
fem.	-	feminino
inanim.	-	inanimado
m	-	nome masculino
m pl	-	masculino plural
m, f	-	masculino, feminino
masc.	-	masculino
mat.	-	matemática
mil.	-	militar
pl	-	plural
prep.	-	preposição
pron.	-	pronome
sb.	-	sobre
sing.	-	singular
v aux	-	verbo auxiliar
vi	-	verbo intransitivo
vi, vt	-	verbo intransitivo, transitivo
vr	-	verbo reflexivo
vt	-	verbo transitivo

CONCEITOS BÁSICOS

Conceitos básicos. Parte 1

1. Pronomes

eu	ana	أنا
tu (masc.)	anta	أنتَ
tu (fem.)	anti	أنتِ
ele	huwa	هو
ela	hiya	هي
nós	naḥnu	نحن
vocês	antum	أنتم
eles, elas	hum	هم

2. Cumprimentos. Saudações. Despedidas

Bom dia! (formal)	as salāmu ʿalaykum!	السلام عليكم!
Bom dia! (de manhã)	ṣabāḥ al ḵayr!	صباح الخير!
Boa tarde!	nahārak saʿīd!	نهارك سعيد!
Boa noite!	masāʾ al ḵayr!	مساء الخير!
cumprimentar (vt)	sallam	سلّم
Olá!	salām!	سلام!
saudação (f)	salām (m)	سلام
saudar (vt)	sallam ʿala	سلّم على
Como vai?	kayfa ḥāluka?	كيف حالك؟
O que há de novo?	ma aḵbārak?	ما أخبارك؟
Até à vista!	maʿ as salāma!	مع السلامة!
Até breve!	ilal liqāʾ!	إلى اللقاء!
Adeus!	maʿ as salāma!	مع السلامة!
despedir-se (vr)	waddaʿ	ودّع
Até logo!	bay bay!	باي باي!
Obrigado! -a!	ʃukran!	شكرًا!
Muito obrigado! -a!	ʃukran ʒazīlan!	شكرًا جزيلًا!
De nada	ʿafwan	عفوا
Não tem de quê	la ʃukr ʿala wāʒib	لا شكر على واجب
De nada	al ʿafw	العفو
Desculpa!	ʿan iðnak!	عن أذنك!
Desculpe!	ʿafwan!	عفوًا!
desculpar (vt)	ʿaðar	عذر
desculpar-se (vr)	iʿtaðar	إعتذر
As minhas desculpas	ana ʾāsif	أنا آسف

Desculpe!	la tu'āxiðni!	لا تؤاخذني!
perdoar (vt)	'afa	عفا
por favor	min faḍlak	من فضلك
Não se esqueça!	la tansa!	لا تنس!
Certamente! Claro!	ṭab'an!	طبعًا!
Claro que não!	abadan!	أبدًا!
Está bem! De acordo!	ittafaqna!	إتفقنا!
Basta!	kifāya!	كفاية!

3. Como se dirigir a alguém

senhor	ya sayyid	يا سيّد
senhora	ya sayyida	يا سيدة
rapariga	ya 'ānisa	يا آنسة
rapaz	ya ustāð	يا أستاذ
menino	ya bni	يا بني
menina	ya binti	يا بنتي

4. Números cardinais. Parte 1

zero	ṣifr	صفر
um	wāḥid	واحد
uma	wāḥida	واحدة
dois	iθnān	إثنان
três	θalāθa	ثلاثة
quatro	arba'a	أربعة
cinco	xamsa	خمسة
seis	sitta	ستّة
sete	sab'a	سبعة
oito	θamāniya	ثمانية
nove	tis'a	تسعة
dez	'aʃara	عشرة
onze	aḥad 'aʃar	أحد عشر
doze	iθnā 'aʃar	إثنا عشر
treze	θalāθat 'aʃar	ثلاثة عشر
catorze	arba'at 'aʃar	أربعة عشر
quinze	xamsat 'aʃar	خمسة عشر
dezasseis	sittat 'aʃar	ستّة عشر
dezassete	sab'at 'aʃar	سبعة عشر
dezoito	θamāniyat 'aʃar	ثمانية عشر
dezanove	tis'at 'aʃar	تسعة عشر
vinte	'iʃrūn	عشرون
vinte e um	wāḥid wa 'iʃrūn	واحد وعشرون
vinte e dois	iθnān wa 'iʃrūn	إثنان وعشرون
vinte e três	θalāθa wa 'iʃrūn	ثلاثة وعشرون
trinta	θalāθīn	ثلاثون
trinta e um	wāḥid wa θalāθūn	واحد وثلاثون

trinta e dois	iθnān wa θalāθūn	إثنان وثلاثون
trinta e três	θalāθa wa θalāθūn	ثلاثة وثلاثون
quarenta	arbaʿūn	أربعون
quarenta e um	wāḥid wa arbaʿūn	واحد وأربعون
quarenta e dois	iθnān wa arbaʿūn	إثنان وأربعون
quarenta e três	θalāθa wa arbaʿūn	ثلاثة وأربعون
cinquenta	χamsūn	خمسون
cinquenta e um	wāḥid wa χamsūn	واحد وخمسون
cinquenta e dois	iθnān wa χamsūn	إثنان وخمسون
cinquenta e três	θalāθa wa χamsūn	ثلاثة وخمسون
sessenta	sittūn	ستّون
sessenta e um	wāḥid wa sittūn	واحد وستّون
sessenta e dois	iθnān wa sittūn	إثنان وستّون
sessenta e três	θalāθa wa sittūn	ثلاثة وستّون
setenta	sabʿūn	سبعون
setenta e um	wāḥid wa sabʿūn	واحد وسبعون
setenta e dois	iθnān wa sabʿūn	إثنان وسبعون
setenta e três	θalāθa wa sabʿūn	ثلاثة وسبعون
oitenta	θamānūn	ثمانون
oitenta e um	wāḥid wa θamānūn	واحد وثمانون
oitenta e dois	iθnān wa θamānūn	إثنان وثمانون
oitenta e três	θalāθa wa θamānūn	ثلاثة وثمانون
noventa	tisʿūn	تسعون
noventa e um	wāḥid wa tisʿūn	واحد وتسعون
noventa e dois	iθnān wa tisʿūn	إثنان وتسعون
noventa e três	θalāθa wa tisʿūn	ثلاثة وتسعون

5. Números cardinais. Parte 2

cem	miʾa	مائة
duzentos	miʾatān	مائتان
trezentos	θalāθumiʾa	ثلاثمائة
quatrocentos	rubʿumiʾa	أربعمائة
quinhentos	χamsumiʾa	خمسمائة
seiscentos	sittumiʾa	ستّمائة
setecentos	sabʿumiʾa	سبعمائة
oitocentos	θamānimiʾa	ثمانمائة
novecentos	tisʿumiʾa	تسعمائة
mil	alf	ألف
dois mil	alfān	ألفان
De quem são ...?	θalāθatʾālāf	ثلاثة آلاف
dez mil	ʿaʃaratʾālāf	عشرة آلاف
cem mil	miʾat alf	مائة ألف
um milhão	milyūn (m)	مليون
mil milhões	milyār (m)	مليار

6. Números ordinais

primeiro	awwal	أوّل
segundo	θāni	ثان
terceiro	θāliθ	ثالث
quarto	rābiʿ	رابع
quinto	χāmis	خامس
sexto	sādis	سادس
sétimo	sābiʿ	سابع
oitavo	θāmin	ثامن
nono	tāsiʿ	تاسع
décimo	ʿāʃir	عاشر

7. Números. Frações

fração (f)	kasr (m)	كسر
um meio	nisf	نصف
um terço	θulθ	ثلث
um quarto	rubʿ	ربع
um oitavo	θumn	ثمن
um décimo	ʿuʃr	عشر
dois terços	θulθān	ثلثان
três quartos	talātit arbāʿ	ثلاثة أرباع

8. Números. Operações básicas

subtração (f)	tarh (m)	طرح
subtrair (vi, vt)	tarah	طرح
divisão (f)	qisma (f)	قسمة
dividir (vt)	qasam	قسم
adição (f)	ʒamʿ (m)	جمع
somar (vt)	ʒamaʿ	جمع
adicionar (vt)	ʒamaʿ	جمع
multiplicação (f)	darb (m)	ضرب
multiplicar (vt)	darab	ضرب

9. Números. Diversos

algarismo, dígito (m)	raqm (m)	رقم
número (m)	ʿadad (m)	عدد
numeral (m)	ism al ʿadad (m)	إسم العدد
menos (m)	nāqis (m)	ناقص
mais (m)	zāʾid (m)	زائد
fórmula (f)	sīya (f)	صيغة
cálculo (m)	hisāb (m)	حساب
contar (vt)	ʿadd	عدّ

calcular (vt)	ḥasab	حسب
comparar (vt)	qāran	قارن

Quanto, -os, -as?	kam?	كم؟
soma (f)	maʒmūʻ (m)	مجموع
resultado (m)	natīʒa (f)	نتيجة
resto (m)	al bāqi (m)	الباقي

alguns, algumas ...	ʻiddat	عدّة
um pouco de ...	qalīl	قليل
resto (m)	al bāqi (m)	الباقي
um e meio	wāḥid wa niṣf (m)	واحد ونصف
dúzia (f)	iθnā ʻaʃar (f)	إثنا عشر

ao meio	ila ʃaṭrayn	إلى شطرين
em partes iguais	bit tasāwi	بالتساوي
metade (f)	niṣf (m)	نصف
vez (f)	marra (f)	مرّة

10. Os verbos mais importantes. Parte 1

abrir (vt)	fataḥ	فتح
acabar, terminar (vt)	atamm	أتمّ
aconselhar (vt)	naṣaḥ	نصح
adivinhar (vt)	χamman	خمّن
advertir (vt)	ḥaððar	حذّر

ajudar (vt)	sāʻad	ساعد
almoçar (vi)	taɣadda	تغدّى
alugar (~ um apartamento)	istaʼʒar	إستأجر
amar (vt)	aḥabb	أحبّ
ameaçar (vt)	haddad	هدّد

anotar (escrever)	katab	كتب
apanhar (vt)	amsak	أمسك
apressar-se (vr)	istaʻʒal	إستعجل
arrepender-se (vr)	nadim	ندم
assinar (vt)	waqqaʻ	وقّع

atirar, disparar (vi)	aṭlaq an nār	أطلق النار
brincar (vi)	mazaḥ	مزح
brincar, jogar (crianças)	laʻib	لعب
buscar (vt)	baḥaθ	بحث
caçar (vi)	iṣṭād	إصطاد

cair (vi)	saqaṭ	سقط
cavar (vt)	ḥafar	حفر
cessar (vt)	tawaqqaf	توقّف
chamar (~ por socorro)	istaɣāθ	إستغاث
chegar (vi)	waṣal	وصل
chorar (vi)	baka	بكى

começar (vt)	badaʼ	بدأ
comparar (vt)	qāran	قارن

compreender (vt)	fahim	فهم
concordar (vi)	ittafaq	إتّفق
confiar (vt)	waθiq	وثق
confundir (equivocar-se)	ixtalaṭ	إختلط
conhecer (vt)	ʻaraf	عرف
contar (fazer contas)	ʻadd	عدّ
contar com (esperar)	iʻtamad ʻala ...	إعتمد على...
continuar (vt)	istamarr	إستمر
controlar (vt)	taḥakkam	تحكّم
convidar (vt)	daʻa	دعا
correr (vi)	ʒara	جرى
criar (vt)	xalaq	خلق
custar (vt)	kallaf	كلّف

11. Os verbos mais importantes. Parte 2

dar (vt)	aʻṭa	أعطى
dar uma dica	aʻṭa talmīḥ	أعطى تلميحًا
decorar (enfeitar)	zayyan	زيّن
defender (vt)	dāfaʻ	دافع
deixar cair (vt)	awqaʻ	أوقع
descer (para baixo)	nazil	نزل
desculpar-se (vr)	iʻtaðar	إعتذر
dirigir (~ uma empresa)	adār	أدار
discutir (notícias, etc.)	nāqaʃ	ناقش
dizer (vt)	qāl	قال
duvidar (vt)	ʃakk fi	شكّ في
encontrar (achar)	waʒad	وجد
enganar (vt)	xadaʻ	خدع
entrar (na sala, etc.)	daxal	دخل
enviar (uma carta)	arsal	أرسل
errar (equivocar-se)	axṭaʼ	أخطأ
escolher (vt)	ixtār	إختار
esconder (vt)	xabaʼ	خبّأ
escrever (vt)	katab	كتب
esperar (o autocarro, etc.)	intaẓar	إنتظر
esperar (ter esperança)	tamanna	تمنّى
esquecer (vt)	nasiy	نسي
estudar (vt)	daras	درس
exigir (vt)	ṭālib	طالب
existir (vi)	kān mawʒūd	كان موجودًا
explicar (vt)	ʃaraḥ	شرح
falar (vi)	takallam	تكلّم
faltar (clases, etc.)	ɣāb	غاب
fazer (vt)	ʻamal	عمل
ficar em silêncio	sakat	سكت
gabar-se, jactar-se (vr)	tabāha	تباهى
gostar (apreciar)	aʻʒab	أعجب

gritar (vi)	ṣaraχ	صرخ
guardar (cartas, etc.)	ḥafaẓ	حفظ
informar (vt)	aχbar	أخبر
insistir (vi)	aṣarr	أصرّ

insultar (vt)	ahān	أهان
interessar-se (vr)	ihtamm	إهتمّ
ir (a pé)	maʃa	مشى
ir nadar	sabaḥ	سبح
jantar (vi)	taʿaʃʃa	تعشى

12. Os verbos mais importantes. Parte 3

ler (vt)	qaraʾ	قرأ
libertar (cidade, etc.)	ḥarrar	حرّر
matar (vt)	qatal	قتل
mencionar (vt)	ðakar	ذكر
mostrar (vt)	ʿaraḍ	عرض

mudar (modificar)	ɣayyar	غيّر
nadar (vi)	sabaḥ	سبح
negar-se a …	rafaḍ	رفض
objetar (vt)	iʿtaraḍ	إعترض

ordenar (mil.)	amar	أمر
ouvir (vt)	samiʿ	سمع
pagar (vt)	dafaʿ	دفع
parar (vi)	waqaf	وقف

participar (vi)	iʃtarak	إشترك
pedir (comida)	ṭalab	طلب
pedir (um favor, etc.)	ṭalab	طلب
pegar (tomar)	aχað	أخذ
pensar (vt)	ẓann	ظنّ

perceber (ver)	lāḥaẓ	لاحظ
perdoar (vt)	ʿafa	عفا
perguntar (vt)	saʾal	سأل

| permitir (vt) | raχχaṣ | رخّص |
| pertencer a … | χaṣṣ | خصّ |

planear (vt)	χaṭṭaṭ	خطّط
poder (vi)	istaṭāʿ	إستطاع
possuir (vt)	malak	ملك

| preferir (vt) | faḍḍal | فضّل |
| preparar (vt) | ḥaḍḍar | حضّر |

prever (vt)	tanabbaʾ	تنبّأ
prometer (vt)	waʿad	وعد
pronunciar (vt)	naṭaq	نطق
propor (vt)	iqtaraḥ	إقترح
punir (castigar)	ʿāqab	عاقب

13. Os verbos mais importantes. Parte 4

quebrar (vt)	kasar	كسر
queixar-se (vr)	ʃaka	شكا
querer (desejar)	arād	أراد
recomendar (vt)	naṣaḥ	نصح
repetir (dizer outra vez)	karrar	كرر
repreender (vt)	wabbaχ	وبّخ
reservar (~ um quarto)	ḥaʒaz	حجز
responder (vt)	aʒāb	أجاب
rezar, orar (vi)	ṣalla	صلّى
rir (vi)	ḍaḥik	ضحك
roubar (vt)	saraq	سرق
saber (vt)	ʿaraf	عرف
sair (~ de casa)	χaraʒ	خرج
salvar (vt)	anqað	أنقذ
seguir ...	tabaʿ	تبع
sentar-se (vr)	ʒalas	جلس
ser necessário	kān maṭlūb	كان مطلوبا
ser, estar	kān	كان
significar (vt)	ʿana	عنى
sorrir (vi)	ibtasam	إبتسم
subestimar (vt)	istaχaff	إستخفّ
surpreender-se (vr)	indahaʃ	إندهش
tentar (vt)	ḥāwal	حاول
ter (vt)	malak	ملك
ter fome	arād an yaʼkul	أراد أن يأكل
ter medo	χāf	خاف
ter sede	arād an yaʃrab	أراد أن يشرب
tocar (com as mãos)	lamas	لمس
tomar o pequeno-almoço	afṭar	أفطر
trabalhar (vi)	ʿamal	عمل
traduzir (vt)	tarʒam	ترجم
unir (vt)	waḥḥad	وحّد
vender (vt)	bāʿ	باع
ver (vt)	raʼa	رأى
virar (ex. ~ à direita)	inʿaṭaf	إنعطف
voar (vi)	ṭār	طار

14. Cores

cor (f)	lawn (m)	لون
matiz (m)	daraʒat al lawn (m)	درجة اللون
tom (m)	ṣabyit lūn (f)	لون
arco-íris (m)	qaws quzaḥ (m)	قوس قزح
branco	abyaḍ	أبيض

| preto | aswad | أسود |
| cinzento | ramādiy | رمادي |

verde	axḍar	أخضر
amarelo	aṣfar	أصفر
vermelho	aḥmar	أحمر

azul	azraq	أزرق
azul claro	azraq fātiḥ	أزرق فاتح
rosa	wardiy	وردي
laranja	burtuqāliy	برتقالي
violeta	banafsaʒiy	بنفسجي
castanho	bunniy	بني

| dourado | ðahabiy | ذهبي |
| prateado | fiḍḍiy | فضي |

bege	bɛːʒ	بيج
creme	ʿāʒiy	عاجي
turquesa	fayrūziy	فيروزي
vermelho cereja	karaziy	كرزي
lilás	laylakiy	ليلكي
carmesim	qirmiziy	قرمزي

claro	fātiḥ	فاتح
escuro	ɣāmiq	غامق
vivo	zāhi	زاه

de cor	mulawwan	ملوّن
a cores	mulawwan	ملوّن
preto e branco	abyaḍ wa aswad	أبيض وأسود
unicolor	waḥīd al lawn, sāda	وحيد اللون، سادة
multicor	mutaʿaddid al alwān	متعدّد الألوان

15. Questões

Quem?	man?	من؟
Que?	māða?	ماذا؟
Onde?	ayna?	أين؟
Para onde?	ila ayna?	إلى أين؟
De onde?	min ayna?	من أين؟
Quando?	mata?	متى؟
Para quê?	li māða?	لماذا؟
Porquê?	li māða?	لماذا؟

Para quê?	li māða?	لماذا؟
Como?	kayfa?	كيف؟
Qual?	ay?	أي؟
Qual? (entre dois ou mais)	ay?	أي؟

A quem?	li man?	لمن؟
Sobre quem?	ʿamman?	عمّن؟
Do quê?	ʿamma?	عمّا؟
Com quem?	maʿ man?	مع من؟

Quanto, -os, -as?	kam?	كم؟
De quem? (masc.)	li man?	لمن؟

16. Preposições

com (prep.)	ma'	مع
sem (prep.)	bi dūn	بدون
a, para (exprime lugar)	ila	إلى
sobre (ex. falar ~)	'an	عن
antes de ...	qabl	قبل
diante de ...	amām	أمام
sob (debaixo de)	taḥt	تحت
sobre (em cima de)	fawq	فوق
sobre (~ a mesa)	'ala	على
de (vir ~ Lisboa)	min	من
de (feito ~ pedra)	min	من
dentro de (~ dez minutos)	ba'd	بعد
por cima de ...	'abr	عبر

17. Palavras funcionais. Advérbios. Parte 1

Onde?	ayna?	أين؟
aqui	huna	هنا
lá, ali	hunāk	هناك
em algum lugar	fi makānin ma	في مكان ما
em lugar nenhum	la fi ay makān	لا في أي مكان
ao pé de ...	bi ʒānib	بجانب
ao pé da janela	bi ʒānib aʃ ʃubbāk	بجانب الشبّاك
Para onde?	ila ayna?	إلى أين؟
para cá	huna	هنا
para lá	hunāk	هناك
daqui	min huna	من هنا
de lá, dali	min hunāk	من هناك
perto	qarīban	قريبًا
longe	ba'īdan	بعيدًا
perto de ...	'ind	عند
ao lado de	qarīban	قريبًا
perto, não fica longe	ɣayr ba'īd	غير بعيد
esquerdo	al yasār	اليسار
à esquerda	'alaʃ ʃimāl	على الشمال
para esquerda	ilaʃ ʃimāl	إلى الشمال
direito	al yamīn	اليمين
à direita	'alal yamīn	على اليمين

Português	Transliteração	Árabe
para direita	Ilal yamīn	إلى اليمين
à frente	min al amām	من الأمام
da frente	amāmiy	أمامي
em frente (para a frente)	ilal amām	إلى الأمام
atrás de ...	warā'	وراء
por detrás (vir ~)	min al warā'	من الوراء
para trás	ilal warā'	إلى الوراء
meio (m), metade (f)	wasaṭ (m)	وسط
no meio	fil wasaṭ	في الوسط
de lado	bi ʒānib	بجانب
em todo lugar	fi kull makān	في كل مكان
ao redor (olhar ~)	ḥawl	حول
de dentro	min ad dāxil	من الداخل
para algum lugar	ila ayy makān	إلى أيّ مكان
diretamente	bi aqṣar ṭarīq	بأقصر طريق
de volta	'īyāban	إيابًا
de algum lugar	min ayy makān	من أي مكان
de um lugar	min makānin ma	من مكان ما
em primeiro lugar	awwalan	أوّلًا
em segundo lugar	θāniyan	ثانيًا
em terceiro lugar	θāliθan	ثالثًا
de repente	faʒ'a	فجأة
no início	fil bidāya	في البداية
pela primeira vez	li 'awwal marra	لأوّل مرّة
muito antes de ...	qabl ... bi mudda ṭawīla	قبل...بمدّة طويلة
de novo, novamente	min ʒadīd	من جديد
para sempre	ilal abad	إلى الأبد
nunca	abadan	أبدًا
de novo	min ʒadīd	من جديد
agora	al 'ān	الآن
frequentemente	kaθīran	كثيرًا
então	fi ðalika al waqt	في ذلك الوقت
urgentemente	'āʒilan	عاجلًا
usualmente	kal 'āda	كالعادة
a propósito, ...	'ala fikra ...	على فكرة...
é possível	min al mumkin	من الممكن
provavelmente	la'alla	لعلّ
talvez	min al mumkin	من الممكن
além disso, ...	bil iḍāfa ila ðalik ...	بالإضافة إلى...
por isso ...	li ðalik	لذلك
apesar de ...	bir raɣm min ...	بالرغم من...
graças a ...	bi faḍl ...	بفضل...
que (pron.)	allaði	الذي
que (conj.)	anna	أنّ
algo	ʃay' (m)	شيء
alguma coisa	ʃay' (m)	شيء

nada	la ʃay'	لا شيء
quem	allaði	الذي
alguém (~ teve uma ideia ...)	aḥad	أحد
alguém	aḥad	أحد
ninguém	la aḥad	لا أحد
para lugar nenhum	la ila ay makān	لا إلى أي مكان
de ninguém	la yaχuṣṣ aḥad	لا يخص أحدًا
de alguém	li aḥad	لأحد
tão	hakaða	هكذا
também (gostaria ~ de ...)	kaðalika	كذلك
também (~ eu)	ayḍan	أيضًا

18. Palavras funcionais. Advérbios. Parte 2

Porquê?	li māða?	لماذا؟
por alguma razão	li sababin ma	لسبب ما
porque ...	li'anna ...	لأن...
por qualquer razão	li amr mā	لأمر ما
e (tu ~ eu)	wa	و
ou (ser ~ não ser)	aw	أو
mas (porém)	lakin	لكن
para (~ a minha mãe)	li	لـ
demasiado, muito	kaθīran ʒiddan	كثير جدًا
só, somente	faqaṭ	فقط
exatamente	biḍ ḍabṭ	بالضبط
cerca de (~ 10 kg)	naḥw	نحو
aproximadamente	taqrīban	تقريبًا
aproximado	taqrībiy	تقريبي
quase	taqrīban	تقريبًا
resto (m)	al bāqi (m)	الباقي
cada	kull	كلّ
qualquer	ayy	أيّ
muito	kaθīr	كثير
muitas pessoas	kaθīr min an nās	كثير من الناس
todos	kull an nās	كل الناس
em troca de ...	muqābil ...	مقابل...
em troca	muqābil	مقابل
à mão	bil yad	باليد
pouco provável	hayhāt	هيهات
provavelmente	la'alla	لعلّ
de propósito	qaṣdan	قصدا
por acidente	ṣudfa	صدفة
muito	ʒiddan	جدًا
por exemplo	maθalan	مثلا
entre	bayn	بين

entre (no meio de)	bayn	بين
tanto	haðihi al kammiyya	هذه الكمية
especialmente	χāṣṣa	خاصّة

Conceitos básicos. Parte 2

19. Dias da semana

segunda-feira (f)	yawm al iθnayn (m)	يوم الإثنين
terça-feira (f)	yawm aθ θulāθā' (m)	يوم الثلاثاء
quarta-feira (f)	yawm al arbi'ā' (m)	يوم الأربعاء
quinta-feira (f)	yawm al χamīs (m)	يوم الخميس
sexta-feira (f)	yawm al ʒum'a (m)	يوم الجمعة
sábado (m)	yawm as sabt (m)	يوم السبت
domingo (m)	yawm al aḥad (m)	يوم الأحد
hoje	al yawm	اليوم
amanhã	γadan	غداً
depois de amanhã	ba'd γad	بعد غد
ontem	ams	أمس
anteontem	awwal ams	أول أمس
dia (m)	yawm (m)	يوم
dia (m) de trabalho	yawm 'amal (m)	يوم عمل
feriado (m)	yawm al 'uṭla ar rasmiyya (m)	يوم العطلة الرسمية
dia (m) de folga	yawm 'uṭla (m)	يوم عطلة
fim (m) de semana	ayyām al 'uṭla (pl)	أيام العطلة
o dia todo	ṭūl al yawm	طول اليوم
no dia seguinte	fil yawm at tāli	في اليوم التالي
há dois dias	min yawmayn	قبل يومين
na véspera	fil yawm as sābiq	في اليوم السابق
diário	yawmiy	يومي
todos os dias	yawmiyyan	يومياً
semana (f)	usbū' (m)	أسبوع
na semana passada	fil isbū' al māḍi	في الأسبوع الماضي
na próxima semana	fil isbū' al qādim	في الأسبوع القادم
semanal	usbū'iy	أسبوعي
cada semana	usbū'iyyan	أسبوعياً
duas vezes por semana	marratayn fil usbū'	مرتين في الأسبوع
cada terça-feira	kull yawm aθ θulaθā'	كل يوم الثلاثاء

20. Horas. Dia e noite

manhã (f)	ṣabāḥ (m)	صباح
de manhã	fiṣ ṣabāḥ	في الصباح
meio-dia (m)	ẓuhr (m)	ظهر
à tarde	ba'd aẓ ẓuhr	بعد الظهر
noite (f)	masā' (m)	مساء
à noite (noitinha)	fil masā'	في المساء

noite (f)	layl (m)	ليل
à noite	bil layl	بالليل
meia-noite (f)	muntaṣif al layl (m)	منتصف الليل
segundo (m)	θāniya (f)	ثانية
minuto (m)	daqīqa (f)	دقيقة
hora (f)	sāʻa (f)	ساعة
meia hora (f)	niṣf sāʻa (m)	نصف ساعة
quarto (m) de hora	rubʻ sāʻa (f)	ربع ساعة
quinze minutos	χamsat ʻaʃar daqīqa	خمس عشرة دقيقة
vinte e quatro horas	yawm kāmil (m)	يوم كامل
nascer (m) do sol	ʃurūq aʃ ʃams (m)	شروق الشمس
amanhecer (m)	faʒr (m)	فجر
madrugada (f)	ṣabāḥ bākir (m)	صباح باكر
pôr do sol (m)	ɣurūb aʃ ʃams (m)	غروب الشمس
de madrugada	fis ṣabāḥ al bākir	في الصباح الباكر
hoje de manhã	al yawm fiṣ ṣabāḥ	اليوم في الصباح
amanhã de manhã	ɣadan fiṣ ṣabāḥ	غدًا في الصباح
hoje à tarde	al yawm baʻd aẓ ẓuhr	اليوم بعد الظهر
à tarde	baʻd aẓ ẓuhr	بعد الظهر
amanhã à tarde	ɣadan baʻd aẓ ẓuhr	غدًا بعد الظهر
hoje à noite	al yawm fil masāʼ	اليوم في المساء
amanhã à noite	ɣadan fil masāʼ	غدًا في المساء
às três horas em ponto	fis sāʻa aθ θāliθa tamāman	في الساعة الثالثة تماما
por volta das quatro	fis sāʻa ar rābiʻa taqrīban	في الساعة الرابعة تقريبا
às doze	ḥattas sāʻa aθ θāniya ʻaʃara	حتى الساعة الثانية عشرة
dentro de vinte minutos	baʻd ʻiʃrīn daqīqa	بعد عشرين دقيقة
dentro duma hora	baʻd sāʻa	بعد ساعة
a tempo	fi mawʻidih	في موعده
menos um quarto	illa rubʻ	إلا ربع
durante uma hora	ṭiwāl sāʻa	طوال الساعة
a cada quinze minutos	kull rubʻ sāʻa	كل ربع ساعة
as vinte e quatro horas	layl nahār	ليل نهار

21. Meses. Estações

janeiro (m)	yanāyir (m)	يناير
fevereiro (m)	fibrāyir (m)	فبراير
março (m)	māris (m)	مارس
abril (m)	abrīl (m)	أبريل
maio (m)	māyu (m)	مايو
junho (m)	yūnyu (m)	يونيو
julho (m)	yūlyu (m)	يوليو
agosto (m)	aɣusṭus (m)	أغسطس
setembro (m)	sibtambar (m)	سبتمبر
outubro (m)	uktūbir (m)	أكتوبر
novembro (m)	nuvimbar (m)	نوفمبر

dezembro (m)	disimbar (m)	ديسمبر
primavera (f)	rabīʿ (m)	ربيع
na primavera	fir rabīʿ	في الربيع
primaveril	rabīʿiy	ربيعي
verão (m)	ṣayf (m)	صيف
no verão	fiṣ ṣayf	في الصيف
de verão	ṣayfiy	صيفي
outono (m)	χarīf (m)	خريف
no outono	fil χarīf	في الخريف
outonal	χarīfiy	خريفي
inverno (m)	ʃitāʾ (m)	شتاء
no inverno	fiʃ ʃitāʾ	في الشتاء
de inverno	ʃitawiy	شتوي
mês (m)	ʃahr (m)	شهر
este mês	fi haða aʃ ʃahr	في هذا الشهر
no próximo mês	fiʃ ʃahr al qādim	في الشهر القادم
no mês passado	fiʃ ʃahr al māḍi	في الشهر الماضي
há um mês	qabl ʃahr	قبل شهر
dentro de um mês	baʿd ʃahr	بعد شهر
dentro de dois meses	baʿd ʃahrayn	بعد شهرين
todo o mês	ṭūl aʃ ʃahr	طول الشهر
um mês inteiro	ʃahr kāmil	شهر كامل
mensal	ʃahriy	شهري
mensalmente	kull ʃahr	كل شهر
cada mês	kull ʃahr	كل شهر
duas vezes por mês	marratayn fiʃ ʃahr	مرتين في الشهر
ano (m)	sana (f)	سنة
este ano	fi haðihi as sana	في هذه السنة
no próximo ano	fis sana al qādima	في السنة القادمة
no ano passado	fis sana al māḍiya	في السنة الماضية
há um ano	qabla sana	قبل سنة
dentro dum ano	baʿd sana	بعد سنة
dentro de 2 anos	baʿd sanatayn	بعد سنتين
todo o ano	ṭūl as sana	طول السنة
um ano inteiro	sana kāmila	سنة كاملة
cada ano	kull sana	كل سنة
anual	sanawiy	سنوي
anualmente	kull sana	كل سنة
quatro vezes por ano	arbaʿ marrāt fis sana	أربع مرات في السنة
data (~ de hoje)	tarīχ (m)	تاريخ
data (ex. ~ de nascimento)	tarīχ (m)	تاريخ
calendário (m)	taqwīm (m)	تقويم
meio ano	niṣf sana (m)	نصف سنة
seis meses	niṣf sana (m)	نصف سنة
estação (f)	faṣl (m)	فصل
século (m)	qarn (m)	قرن

22. Unidades de medida

peso (m)	wazn (m)	وزن
comprimento (m)	ṭūl (m)	طول
largura (f)	ʿarḍ (m)	عرض
altura (f)	irtifāʿ (m)	إرتفاع
profundidade (f)	ʿumq (m)	عمق
volume (m)	ḥaʒm (m)	حجم
área (f)	misāḥa (f)	مساحة
grama (m)	grām (m)	جرام
miligrama (m)	milliɣrām (m)	مليغرام
quilograma (m)	kiluɣrām (m)	كيلوغرام
tonelada (f)	ṭunn (m)	طن
libra (453,6 gramas)	raṭl (m)	رطل
onça (f)	ūnṣa (f)	أونصة
metro (m)	mitr (m)	متر
milímetro (m)	millimitr (m)	مليمتر
centímetro (m)	santimitr (m)	سنتيمتر
quilómetro (m)	kilumitr (m)	كيلومتر
milha (f)	mīl (m)	ميل
polegada (f)	būṣa (f)	بوصة
pé (304,74 mm)	qadam (f)	قدم
jarda (914,383 mm)	yārda (f)	ياردة
metro (m) quadrado	mitr murabbaʿ (m)	متر مربّع
hectare (m)	hiktār (m)	هكتار
litro (m)	litr (m)	لتر
grau (m)	daraʒa (f)	درجة
volt (m)	vūlt (m)	فولت
ampere (m)	ambīr (m)	أمبير
cavalo-vapor (m)	ḥiṣān (m)	حصان
quantidade (f)	kammiyya (f)	كمّيّة
um pouco de ...	qalīl ...	قليل...
metade (f)	niṣf (m)	نصف
dúzia (f)	iθnā ʿaʃar (f)	إثنا عشر
peça (f)	waḥda (f)	وحدة
dimensão (f)	ḥaʒm (m)	حجم
escala (f)	miqyās (m)	مقياس
mínimo	al adna	الأدنى
menor, mais pequeno	al aṣɣar	الأصغر
médio	mutawassiṭ	متوسّط
máximo	al aqṣa	الأقصى
maior, mais grande	al akbar	الأكبر

23. Recipientes

boião (m) de vidro	barṭamān (m)	برطمان
lata (~ de cerveja)	tanaka (f)	تنكة

Português	Transliteração	Árabe
balde (m)	ʒardal (m)	جردل
barril (m)	barmīl (m)	برميل
bacia (~ de plástico)	ḥawḍ lil ɣasīl (m)	حوض للغسيل
tanque (m)	χazzān (m)	خزّان
cantil (m) de bolso	zamzamiyya (f)	زمزميّة
bidão (m) de gasolina	ʒirikan (m)	جركن
cisterna (f)	χazzān (m)	خزّان
caneca (f)	māgg (m)	ماجّ
chávena (f)	finʒān (m)	فنجان
pires (m)	ṭabaq finʒān (m)	طبق فنجان
copo (m)	kubbāya (f)	كبّاية
taça (f) de vinho	ka's (f)	كأس
panela, caçarola (f)	kassirūlla (f)	كاسرولة
garrafa (f)	zuʒāʒa (f)	زجاجة
gargalo (m)	'unq (m)	عنق
jarro, garrafa (f)	dawraq zuʒāʒiy (m)	دورق زجاجيّ
jarro (m) de barro	ibrīq (m)	إبريق
recipiente (m)	ināʾ (m)	إناء
pote (m)	aṣīṣ (m)	أصيص
vaso (m)	vāza (f)	فازة
frasco (~ de perfume)	zuʒāʒa (f)	زجاجة
frasquinho (ex. ~ de iodo)	zuʒāʒa (f)	زجاجة
tubo (~ de pasta dentífrica)	umbūba (f)	أنبوبة
saca (ex. ~ de açúcar)	kīs (m)	كيس
saco (~ de plástico)	kīs (m)	كيس
maço (m)	'ulba (f)	علبة
caixa (~ de sapatos, etc.)	'ulba (f)	علبة
caixa (~ de madeira)	ṣundūʾ (m)	صندوق
cesta (f)	salla (f)	سلّة

O SER HUMANO

O ser humano. O corpo

24. Cabeça

cabeça (f)	ra's (m)	رأس
cara (f)	waʒh (m)	وجه
nariz (m)	anf (m)	أنف
boca (f)	fam (m)	فم

olho (m)	ʿayn (f)	عين
olhos (m pl)	ʿuyūn (pl)	عيون
pupila (f)	ḥadaqa (f)	حدقة
sobrancelha (f)	ḥāʒib (m)	حاجب
pestana (f)	rimʃ (m)	رمش
pálpebra (f)	ʒafn (m)	جفن

língua (f)	lisān (m)	لسان
dente (m)	sinn (f)	سن
lábios (m pl)	ʃifāh (pl)	شفاه
maçãs (f pl) do rosto	ʿiẓām waʒhiyya (pl)	عظام وجهية
gengiva (f)	liθθa (f)	لثة
palato (m)	ḥanak (m)	حنك

narinas (f pl)	minxarān (du)	منخران
queixo (m)	ðaqan (m)	ذقن
mandíbula (f)	fakk (m)	فك
bochecha (f)	xadd (m)	خد

testa (f)	ʒabha (f)	جبهة
têmpora (f)	ṣudɣ (m)	صدغ
orelha (f)	uðun (f)	أذن
nuca (f)	qafa (m)	قفا
pescoço (m)	raqaba (f)	رقبة
garganta (f)	ḥalq (m)	حلق

cabelos (m pl)	ʃaʿr (m)	شعر
penteado (m)	tasrīḥa (f)	تسريحة
corte (m) de cabelo	tasrīḥa (f)	تسريحة
peruca (f)	barūka (f)	باروكة

bigode (m)	ʃawārib (pl)	شوارب
barba (f)	liḥya (f)	لحية
usar, ter (~ barba, etc.)	ʿindahu	عنده
trança (f)	difīra (f)	ضفيرة
suíças (f pl)	sawālif (pl)	سوالف
ruivo	aḥmar aʃʃaʿr	أحمر الشعر
grisalho	abyaḍ	أبيض

calvo	aṣlaʿ	أصلع
calva (f)	ṣalaʿ (m)	صلع
rabo-de-cavalo (m)	ðayl ḥiṣān (m)	ذيل حصان
franja (f)	quṣṣa (f)	قصّة

25. Corpo humano

mão (f)	yad (m)	يد
braço (m)	ðirāʿ (f)	ذراع
dedo (m)	iṣbaʿ (m)	إصبع
dedo (m) do pé	iṣbaʿ al qadam (m)	إصبع القدم
polegar (m)	ibhām (m)	إبهام
dedo (m) mindinho	χunṣur (m)	خنصر
unha (f)	ẓufr (m)	ظفر
punho (m)	qabḍa (f)	قبضة
palma (f) da mão	kaff (f)	كفّ
pulso (m)	miʿṣam (m)	معصم
antebraço (m)	sāʿid (m)	ساعد
cotovelo (m)	mirfaq (m)	مرفق
ombro (m)	katf (f)	كتف
perna (f)	riʒl (f)	رجل
pé (m)	qadam (f)	قدم
joelho (m)	rukba (f)	ركبة
barriga (f) da perna	sammāna (f)	سمّانة
anca (f)	faχð (f)	فخذ
calcanhar (m)	ʿaqb (m)	عقب
corpo (m)	ʒism (m)	جسم
barriga (f)	baṭn (m)	بطن
peito (m)	ṣadr (m)	صدر
seio (m)	θady (m)	ثدي
lado (m)	ʒamb (m)	جنب
costas (f pl)	ẓahr (m)	ظهر
região (f) lombar	asfal az ẓahr (m)	أسفل الظهر
cintura (f)	χaṣr (m)	خصر
umbigo (m)	surra (f)	سرّة
nádegas (f pl)	ardāf (pl)	أرداف
traseiro (m)	dubr (m)	دبر
sinal (m)	ʃāma (f)	شامة
sinal (m) de nascença	waḥma	وحمة
tatuagem (f)	waʃm (m)	وشم
cicatriz (f)	nadba (f)	ندبة

Vestuário & Acessórios

26. Roupa exterior. Casacos

roupa (f)	malābis (pl)	ملابس
roupa (f) exterior	malābis fawqāniyya (pl)	ملابس فوقانيّة
roupa (f) de inverno	malābis ʃitawiyya (pl)	ملابس شتويّة
sobretudo (m)	miʻṭaf (m)	معطف
casaco (m) de peles	miʻṭaf farw (m)	معطف فرو
casaco curto (m) de peles	ʒakīt farw (m)	جاكيت فرو
casaco (m) acolchoado	ḥaʃiyyat rīʃ (m)	حشية ريش
casaco, blusão (m)	ʒakīt (m)	جاكيت
impermeável (m)	miʻṭaf lil maṭar (m)	معطف للمطر
impermeável	ṣāmid lil māʼ	صامد للماء

27. Vestuário de homem & mulher

camisa (f)	qamīṣ (m)	قميص
calças (f pl)	banṭalūn (m)	بنطلون
calças (f pl) de ganga	ʒīnz (m)	جينز
casaco (m) de fato	sutra (f)	سترة
fato (m)	badla (f)	بدلة
vestido (ex. ~ vermelho)	fustān (m)	فستان
saia (f)	tannūra (f)	تنّورة
blusa (f)	blūza (f)	بلوزة
casaco (m) de malha	kardigān (m)	كارديجان
casaco, blazer (m)	ʒakīt (m)	جاكيت
T-shirt, camiseta (f)	ti ʃirt (m)	تي شيرت
calções (Bermudas, etc.)	ʃūrt (m)	شورت
fato (m) de treino	badlat at tadrīb (f)	بدلة التدريب
roupão (m) de banho	θawb ḥammām (m)	ثوب حمّام
pijama (m)	biʒāma (f)	بيجاما
suéter (m)	bulūvir (m)	بلوفر
pulôver (m)	bulūvir (m)	بلوفر
colete (m)	ṣudayriy (m)	صديريّ
fraque (m)	badlat sahra (f)	بدلة سهرة
smoking (m)	smūkin (m)	سموكن
uniforme (m)	zayy muwaḥḥad (m)	زي موحّد
roupa (f) de trabalho	θiyāb al ʻamal (m)	ثياب العمل
fato-macaco (m)	uvirūl (m)	اوفرول
bata (~ branca, etc.)	θawb (m)	ثوب

28. Vestuário. Roupa interior

roupa (f) interior	malābis dāxiliyya (pl)	ملابس داخليّة
cuecas boxer (f pl)	sirwāl dāxiliy riӡāliy (m)	سروال داخلي رجالي
cuecas (f pl)	sirwāl dāxiliy nisā'iy (m)	سروال داخلي نسائي
camisola (f) interior	qamīṣ bila aqmām (m)	قميص بلا أكمام
peúgas (f pl)	ӡawārib (pl)	جوارب
camisa (f) de noite	qamīṣ nawm (m)	قميص نوم
sutiã (m)	ḥammālat ṣadr (f)	حمّالة صدر
meias longas (f pl)	ӡawārib ṭawīla (pl)	جوارب طويلة
meia-calça (f)	ӡawārib kulūn (pl)	جوارب كولون
meias (f pl)	ӡawārib nisā'iyya (pl)	جوارب نسائية
fato (m) de banho	libās sibāḥa (m)	لباس سباحة

29. Adereços de cabeça

chapéu (m)	qubba'a (f)	قبّعة
chapéu (m) de feltro	burnayṭa (f)	برنيطة
boné (m) de beisebol	kāb baysbūl (m)	كاب بيسبول
boné (m)	qubba'a musaṭṭaḥa (f)	قبّعة مسطحة
boina (f)	birīh (m)	بيريه
capuz (m)	γiṭā' (m)	غطاء
panamá (m)	qubba'at banāma (f)	قبّعة بناما
gorro (m) de malha	qubbā'a maḥbūka (m)	قبّعة محبوكة
lenço (m)	'iӡārb (m)	إيشارب
chapéu (m) de mulher	burnayṭa (f)	برنيطة
capacete (m) de proteção	xūða (f)	خوذة
bibico (m)	kāb (m)	كاب
capacete (m)	xūða (f)	خوذة
chapéu-coco (m)	qubba'at dirbi (f)	قبّعة ديربي
chapéu (m) alto	qubba'a 'āliya (f)	قبّعة عالية

30. Calçado

calçado (m)	aḥðiya (pl)	أحذية
botinas (f pl)	ӡazma (f)	جزمة
sapatos (de salto alto, etc.)	ӡazma (f)	جزمة
botas (f pl)	būt (m)	بوت
pantufas (f pl)	ʃibʃib (m)	شبشب
ténis (m pl)	ḥiðā' riyāḍiy (m)	حذاء رياضيّ
sapatilhas (f pl)	kutʃi (m)	كوتشي
sandálias (f pl)	ṣandal (pl)	صندل
sapateiro (m)	iskāfiy (m)	إسكافيّ
salto (m)	ka'b (m)	كعب

par (m)	zawʒ (m)	زوج
atacador (m)	ʃarīṭ (m)	شريط
apertar os atacadores	rabaṭ	ربط
calçadeira (f)	labbāsat ḥiðā' (f)	لبّاسة حذاء
graxa (f) para calçado	warnīʃ al ḥiðā' (m)	ورنيش الحذاء

31. Acessórios pessoais

luvas (f pl)	quffāz (m)	قفّاز
mitenes (f pl)	quffāz muɣlaq (m)	قفّاز مغلق
cachecol (m)	ʔʃārb (m)	إيشارب
óculos (m pl)	nazzāra (f)	نظّارة
armação (f) de óculos	iṭār (m)	إطار
guarda-chuva (m)	ʃamsiyya (f)	شمسيّة
bengala (f)	ʿaṣa (f)	عصا
escova (f) para o cabelo	furʃat ʃaʿr (f)	فرشة شعر
leque (m)	mirwaḥa yadawiyya (f)	مروحة يدويّة
gravata (f)	karavatta (f)	كرافتة
gravata-borboleta (f)	babyūn (m)	ببيون
suspensórios (m pl)	ḥammāla (f)	حمّالة
lenço (m)	mandīl (m)	منديل
pente (m)	miʃṭ (m)	مشط
travessão (m)	dabbūs (m)	دبّوس
gancho (m) de cabelo	bansa (m)	بنسة
fivela (f)	bukla (f)	بكلة
cinto (m)	ḥizām (m)	حزام
correia (f)	ḥammalat al katf (f)	حمّالة الكتف
mala (f)	ʃanṭa (f)	شنطة
mala (f) de senhora	ʃanṭat yad (f)	شنطة يد
mochila (f)	ḥaqībat ẓahr (f)	حقيبة ظهر

32. Vestuário. Diversos

moda (f)	mūḍa (f)	موضة
na moda	fil mūḍa	في الموضة
estilista (m)	muṣammim azyā' (m)	مصمّم أزياء
colarinho (m), gola (f)	yāqa (f)	ياقة
bolso (m)	ʒayb (m)	جيب
de bolso	ʒayb	جيب
manga (f)	kumm (m)	كمّ
alcinha (f)	ʿallāqa (f)	علّاقة
braguilha (f)	lisān (m)	لسان
fecho (m) de correr	zimām munzaliq (m)	زمام منزلق
fecho (m), colchete (m)	miʃbak (m)	مشبك
botão (m)	zirr (m)	زرّ

casa (f) de botão	ʿurwa (f)	عروة
soltar-se (vr)	waqaʿ	وقع
coser, costurar (vi)	xāṭ	خاط
bordar (vt)	ṭarraz	طرز
bordado (m)	taṭrīz (m)	تطريز
agulha (f)	ibra (f)	إبرة
fio (m)	xayṭ (m)	خيط
costura (f)	darz (m)	درز
sujar-se (vr)	tawassax	توسّخ
mancha (f)	buqʿa (f)	بقعة
engelhar-se (vr)	takarmaʃ	تكرمش
rasgar (vt)	qaṭṭaʿ	قطّع
traça (f)	ʿuθθa (f)	عثة

33. Cuidados pessoais. Cosméticos

pasta (f) de dentes	maʿʒūn asnān (m)	معجون أسنان
escova (f) de dentes	furʃat asnān (f)	فرشة أسنان
escovar os dentes	naẓẓaf al asnān	نظّف الأسنان
máquina (f) de barbear	mūs ḥilāqa (m)	موس حلاقة
creme (m) de barbear	krīm ḥilāqa (m)	كريم حلاقة
barbear-se (vr)	ḥalaq	حلق
sabonete (m)	ṣābūn (m)	صابون
champô (m)	ʃāmbū (m)	شامبو
tesoura (f)	maqaṣṣ (m)	مقصّ
lima (f) de unhas	mibrad (m)	مبرد
corta-unhas (m)	milqaṭ (m)	ملقط
pinça (f)	milqaṭ (m)	ملقط
cosméticos (m pl)	mawādd at taʒmīl (pl)	موادّ التجميل
máscara (f) facial	mask (m)	ماسك
manicura (f)	manikūr (m)	مانيكور
fazer a manicura	ʿamal manikūr	عمل مانيكور
pedicure (f)	badikīr (m)	باديكير
mala (f) de maquilhagem	ḥaqībat adawāt at taʒmīl (f)	حقيبة أدوات التجميل
pó (m)	budrat waʒh (f)	بودرة وجه
caixa (f) de pó	ʿulbat būdra (f)	علبة بودرة
blush (m)	aḥmar xudūd (m)	أحمر خدود
perfume (m)	ʿiṭr (m)	عطر
água (f) de toilette	kulūnya (f)	كولونيا
loção (f)	lusiyun (m)	لوسيون
água-de-colónia (f)	kulūniya (f)	كولونيا
sombra (f) de olhos	ay ʃaduw (m)	اي شادو
lápis (m) delineador	kuḥl al ʿuyūn (m)	كحل العيون
máscara (f), rímel (m)	maskara (f)	ماسكارا
batom (m)	aḥmar ʃifāh (m)	أحمر شفاه

verniz (m) de unhas	mulammi' al aẓāfir (m)	ملمِّع الاظافر
laca (f) para cabelos	muθabbit aʃ ʃaʻr (m)	مثبِّت الشعر
desodorizante (m)	muzīl rawā'iḥ (m)	مزيل روائح
creme (m)	krīm (m)	كريم
creme (m) de rosto	krīm lil waʒh (m)	كريم للوجه
creme (m) de mãos	krīm lil yadayn (m)	كريم لليدين
creme (m) antirrugas	krīm muḍādd lit taʒāʻīd (m)	كريم مضادٌ للتجاعيد
creme (m) de dia	krīm an nahār (m)	كريم النهار
creme (m) de noite	krīm al layl (m)	كريم الليل
de dia	nahāriy	نهاريّ
da noite	layliy	ليلي
tampão (m)	tambūn (m)	تانبون
papel (m) higiénico	waraq ḥammām (m)	ورق حمّام
secador (m) elétrico	muʒaffif ʃaʻr (m)	مجفِّف شعر

34. Relógios de pulso. Relógios

relógio (m) de pulso	sāʻa (f)	ساعة
mostrador (m)	waʒh as sāʻa (m)	وجه الساعة
ponteiro (m)	ʻaqrab as sāʻa (m)	عقرب الساعة
bracelete (f) em aço	siwār sāʻa maʻdaniyya (m)	سوار ساعة معدنية
bracelete (f) em couro	siwār sāʻa (m)	سوار ساعة
pilha (f)	baṭṭāriyya (f)	بطّاريَة
descarregar-se	tafarraɣ	تفرَّغ
trocar a pilha	ɣayyar al baṭṭāriyya	غيَّر البطّاريَة
estar adiantado	sabaq	سبق
estar atrasado	ta'axxar	تأخَّر
relógio (m) de parede	sāʻat ḥā'iṭ (f)	ساعة حائط
ampulheta (f)	sāʻa ramliyya (f)	ساعة رمليَة
relógio (m) de sol	sāʻa ʃamsiyya (f)	ساعة شمسيَة
despertador (m)	munabbih (m)	منبِّه
relojoeiro (m)	saʻātiy (m)	ساعاتيّ
reparar (vt)	aṣlaḥ	أصلح

Alimentação. Nutrição

35. Comida

Português	Transliteração	Árabe
carne (f)	laḥm (m)	لحم
galinha (f)	daʒāʒ (m)	دجاج
frango (m)	farrūʒ (m)	فروج
pato (m)	baṭṭa (f)	بطة
ganso (m)	iwazza (f)	إوزة
caça (f)	ṣayd (m)	صيد
peru (m)	daʒāʒ rūmiy (m)	دجاج رومي
carne (f) de porco	laḥm al ḵinzīr (m)	لحم الخنزير
carne (f) de vitela	laḥm il 'iʒl (m)	لحم العجل
carne (f) de carneiro	laḥm aḍ ḍa'n (m)	لحم الضأن
carne (f) de vaca	laḥm al baqar (m)	لحم البقر
carne (f) de coelho	arnab (m)	أرنب
chouriço, salsichão (m)	suʒuq (m)	سجق
salsicha (f)	suʒuq (m)	سجق
bacon (m)	bikūn (m)	بيكون
fiambre (f)	hām (m)	هام
presunto (m)	faḵð ḵinzīr (m)	فخذ خنزير
patê (m)	ma'ʒūn laḥm (m)	معجون لحم
fígado (m)	kibda (f)	كبدة
carne (f) moída	ḥaʃwa (f)	حشوة
língua (f)	lisān (m)	لسان
ovo (m)	bayḍa (f)	بيضة
ovos (m pl)	bayḍ (m)	بيض
clara (f) do ovo	bayāḍ al bayḍ (m)	بياض البيض
gema (f) do ovo	ṣafār al bayḍ (m)	صفار البيض
peixe (m)	samak (m)	سمك
mariscos (m pl)	fawākih al baḥr (pl)	فواكه البحر
caviar (m)	kaviyār (m)	كافيار
caranguejo (m)	salṭa'ūn (m)	سلطعون
camarão (m)	ʒambari (m)	جمبري
ostra (f)	maḥār (m)	محار
lagosta (f)	karkand ʃāik (m)	كركند شائك
polvo (m)	uḵṭubūṭ (m)	أخطبوط
lula (f)	kalmāri (m)	كالماري
esturjão (m)	samak al ḥafʃ (m)	سمك الحفش
salmão (m)	salmūn (m)	سلمون
halibute (m)	samak al halbūt (m)	سمك الهلبوت
bacalhau (m)	samak al qudd (m)	سمك القدّ
cavala, sarda (f)	usqumriy (m)	أسقمريّ

atum (m)	tūna (f)	تونة
enguia (f)	ḥankalīs (m)	حنكليس
truta (f)	salmūn muraqqaṭ (m)	سلمون مرقط
sardinha (f)	sardīn (m)	سردين
lúcio (m)	samak al karāki (m)	سمك الكراكي
arenque (m)	rinʒa (f)	رنجة
pão (m)	χubz (m)	خبز
queijo (m)	ʒubna (f)	جبنة
açúcar (m)	sukkar (m)	سكّر
sal (m)	milḥ (m)	ملح
arroz (m)	urz (m)	أرز
massas (f pl)	makarūna (f)	مكرونة
talharim (m)	nūdlis (f)	نودلز
manteiga (f)	zubda (f)	زبدة
óleo (m) vegetal	zayt (m)	زيت
óleo (m) de girassol	zayt ʿabīd aʃ ʃams (m)	زيت عبيد الشمس
margarina (f)	marɣarīn (m)	مرغرين
azeitonas (f pl)	zaytūn (m)	زيتون
azeite (m)	zayt az zaytūn (m)	زيت الزيتون
leite (m)	ḥalīb (m)	حليب
leite (m) condensado	ḥalīb mukaθθaf (m)	حليب مكثف
iogurte (m)	yūɣurt (m)	يوغورت
nata (f) azeda	krīma ḥāmiḍa (f)	كريمة حامضة
nata (f) do leite	krīma (f)	كريمة
maionese (f)	mayunīz (m)	مايونيز
creme (m)	krīmat zubda (f)	كريمة زبدة
grãos (m pl) de cereais	ḥubūb (pl)	حبوب
farinha (f)	daqīq (m)	دقيق
enlatados (m pl)	muʿallabāt (pl)	معلّبات
flocos (m pl) de milho	kurn fliks (m)	كورن فليكس
mel (m)	ʿasal (m)	عسل
doce (m)	murabba (m)	مربّى
pastilha (f) elástica	ʿilk (m)	علك

36. Bebidas

água (f)	māʾ (m)	ماء
água (f) potável	māʾ ʃurb (m)	ماء شرب
água (f) mineral	māʾ maʿdaniy (m)	ماء معدنيّ
sem gás	bi dūn ɣāz	بدون غاز
gaseificada	mukarban	مكربن
com gás	bil ɣāz	بالغاز
gelo (m)	θalʒ (m)	ثلج
com gelo	biθ θalʒ	بالثلج

sem álcool	bi dūn kuḥūl	بدون كحول
bebida (f) sem álcool	maʃrūb ɣāziy (m)	مشروب غازي
refresco (m)	maʃrūb muθallaʒ (m)	مشروب مثلج
limonada (f)	ʃarāb laymūn (m)	شراب ليمون
bebidas (f pl) alcoólicas	maʃrūbāt kuḥūliyya (pl)	مشروبات كحولية
vinho (m)	nabīð (f)	نبيذ
vinho (m) branco	nibīð abyaḍ (m)	نبيذ أبيض
vinho (m) tinto	nabīð aḥmar (m)	نبيذ أحمر
licor (m)	liqiūr (m)	ليكيور
champanhe (m)	ʃambāniya (f)	شمبانيا
vermute (m)	virmut (m)	فيرموث
uísque (m)	wiski (m)	وسكي
vodka (f)	vudka (f)	فودكا
gim (m)	ʒīn (m)	جين
conhaque (m)	kunyāk (m)	كونياك
rum (m)	rum (m)	رم
café (m)	qahwa (f)	قهوة
café (m) puro	qahwa sāda (f)	قهوة سادة
café (m) com leite	qahwa bil ḥalīb (f)	قهوة بالحليب
cappuccino (m)	kaputʃīnu (m)	كابتشينو
café (m) solúvel	niskafi (m)	نيسكافيه
leite (m)	ḥalīb (m)	حليب
coquetel (m)	kuktayl (m)	كوكتيل
batido (m) de leite	milk ʃiyk (m)	ميلك شيك
sumo (m)	ʕaṣīr (m)	عصير
sumo (m) de tomate	ʕaṣīr tamāṭim (m)	عصير طماطم
sumo (m) de laranja	ʕaṣīr burtuqāl (m)	عصير برتقال
sumo (m) fresco	ʕaṣīr ṭāziʒ (m)	عصير طازج
cerveja (f)	bīra (f)	بيرة
cerveja (f) clara	bīra xafīfa (f)	بيرة خفيفة
cerveja (f) preta	bīra ɣāmiqa (f)	بيرة غامقة
chá (m)	ʃāy (m)	شاي
chá (m) preto	ʃāy aswad (m)	شاي أسود
chá (m) verde	ʃāy axḍar (m)	شاي أخضر

37. Vegetais

legumes (m pl)	xuḍār (pl)	خضار
verduras (f pl)	xuḍrawāt waraqiyya (pl)	خضروات ورقية
tomate (m)	ṭamāṭim (f)	طماطم
pepino (m)	xiyār (m)	خيار
cenoura (f)	ʒazar (m)	جزر
batata (f)	baṭāṭis (f)	بطاطس
cebola (f)	baṣal (m)	بصل
alho (m)	θūm (m)	ثوم

couve (f)	kurumb (m)	كرنب
couve-flor (f)	qarnabīṭ (m)	قرنبيط
couve-de-bruxelas (f)	kurumb brūksil (m)	كرنب بروكسل
brócolos (m pl)	brukuli (m)	بركولي
beterraba (f)	banʒar (m)	بنجر
beringela (f)	bātinʒān (m)	باذنجان
curgete (f)	kūsa (f)	كوسة
abóbora (f)	qarʿ (m)	قرع
nabo (m)	lift (m)	لفت
salsa (f)	baqdūnis (m)	بقدونس
funcho, endro (m)	ʃabat (m)	شبت
alface (f)	χass (m)	خس
aipo (m)	karafs (m)	كرفس
espargo (m)	halyūn (m)	هليون
espinafre (m)	sabāniχ (m)	سبانخ
ervilha (f)	bisilla (f)	بسلة
fava (f)	fūl (m)	فول
milho (m)	ðura (f)	ذرة
feijão (m)	faṣūliya (f)	فاصوليا
pimentão (m)	filfil (m)	فلفل
rabanete (m)	fiʒl (m)	فجل
alcachofra (f)	χurʃūf (m)	خرشوف

38. Frutos. Nozes

fruta (f)	fākiha (f)	فاكهة
maçã (f)	tuffāḥa (f)	تفاحة
pera (f)	kummaθra (f)	كمّثرى
limão (m)	laymūn (m)	ليمون
laranja (f)	burtuqāl (m)	برتقال
morango (m)	farawla (f)	فراولة
tangerina (f)	yūsufiy (m)	يوسفي
ameixa (f)	barqūq (m)	برقوق
pêssego (m)	durrāq (m)	دراق
damasco (m)	miʃmiʃ (f)	مشمش
framboesa (f)	tūt al ʿullayq al aḥmar (m)	توت العلّيق الأحمر
ananás (m)	ananās (m)	أناناس
banana (f)	mawz (m)	موز
melancia (f)	baṭṭīχ aḥmar (m)	بطّيخ أحمر
uva (f)	ʿinab (m)	عنب
ginja, cereja (f)	karaz (m)	كرز
meloa (f)	baṭṭīχ aṣfar (f)	بطّيخ أصفر
toranja (f)	zinbāʿ (m)	زنباع
abacate (m)	avukādu (f)	افوكاتو
papaia (f)	babāya (f)	بابايا
manga (f)	mangu (m)	مانجو
romã (f)	rummān (m)	رمان

groselha (f) vermelha	kiʃmiʃ aḥmar (m)	كشمش أحمر
groselha (f) preta	ʿinab aθ θaʿlab al aswad (m)	عنب الثعلب الأسود
groselha (f) espinhosa	ʿinab aθ θaʿlab (m)	عنب الثعلب
mirtilo (m)	ʿinab al aḥrāʒ (m)	عنب الأحراج
amora silvestre (f)	θamar al ʿullayk (m)	ثمر العليّق
uvas (f pl) passas	zabīb (m)	زبيب
figo (m)	tīn (m)	تين
tâmara (f)	tamr (m)	تمر
amendoim (m)	fūl sudāniy (m)	فول سودانيّ
amêndoa (f)	lawz (m)	لوز
noz (f)	ʿayn al ʒamal (f)	عين الجمل
avelã (f)	bunduq (m)	بندق
coco (m)	ʒawz al hind (m)	جوز هند
pistáchios (m pl)	fustuq (m)	فستق

39. Pão. Bolaria

pastelaria (f)	ḥalawiyyāt (pl)	حلويّات
pão (m)	χubz (m)	خبز
bolacha (f)	baskawīt (m)	بسكويت
chocolate (m)	ʃukulāta (f)	شكولاتة
de chocolate	biʃ ʃukulāṭa	بالشكولاتة
rebuçado (m)	bumbūn (m)	بونبون
bolo (cupcake, etc.)	kaʿk (m)	كعك
bolo (m) de aniversário	tūrta (f)	تورتة
tarte (~ de maçã)	faṭīra (f)	فطيرة
recheio (m)	ḥaʃwa (f)	حشوة
doce (m)	murabba (m)	مربّى
geleia (f) de frutas	marmalād (f)	مرملاد
waffle (m)	wāfil (m)	وافل
gelado (m)	muθallaʒāt (pl)	مثلّجات
pudim (m)	būding (m)	بودنج

40. Pratos cozinhados

prato (m)	waʒba (f)	وجبة
cozinha (~ portuguesa)	maṭbaχ (m)	مطبخ
receita (f)	waṣfa (f)	وصفة
porção (f)	waʒba (f)	وجبة
salada (f)	sulṭa (f)	سلطة
sopa (f)	ʃūrba (f)	شوربة
caldo (m)	maraq (m)	مرق
sandes (f)	sandawitʃ (m)	ساندويتش
ovos (m pl) estrelados	bayḍ maqliy (m)	بيض مقليّ
hambúrguer (m)	hamburger (m)	هامبورجر

bife (m)	biftīk (m)	بفتيك
conduto (m)	ṭabaq ʒānibiy (m)	طبق جانبي
espaguete (m)	spaɣitti (m)	سباغيتي
puré (m) de batata	harīs baṭāṭis (m)	هريس بطاطس
pizza (f)	bītza (f)	بيتزا
papa (f)	ʿaṣīda (f)	عصيدة
omelete (f)	bayḍ maxfūq (m)	بيض مخفوق
cozido em água	maslūq	مسلوق
fumado	mudaxxin	مدخن
frito	maqliy	مقلي
seco	muʒaffaf	مجفف
congelado	muʒammad	مجمد
em conserva	muxallil	مخلل
doce (açucarado)	musakkar	مسكّر
salgado	māliḥ	مالح
frio	bārid	بارد
quente	sāxin	ساخن
amargo	murr	مرّ
gostoso	laðīð	لذيذ
cozinhar (em água a ferver)	ṭabax	طبخ
fazer, preparar (vt)	ḥaḍḍar	حضّر
fritar (vt)	qala	قلى
aquecer (vt)	saxxan	سخّن
salgar (vt)	mallaḥ	ملّح
apimentar (vt)	falfal	فلفل
ralar (vt)	baʃar	بشر
casca (f)	qiʃra (f)	قشرة
descascar (vt)	qaʃʃar	قشّر

41. Especiarias

sal (m)	milḥ (m)	ملح
salgado	māliḥ	مالح
salgar (vt)	mallaḥ	ملّح
pimenta (f) preta	filfil aswad (m)	فلفل أسود
pimenta (f) vermelha	filfil aḥmar (m)	فلفل أحمر
mostarda (f)	ṣalṣat al xardal (f)	صلصة الخردل
raiz-forte (f)	fiʒl ḥārr (m)	فجل حارّ
condimento (m)	tābil (m)	تابل
especiaria (f)	bahār (m)	بهار
molho (m)	ṣalṣa (f)	صلصة
vinagre (m)	xall (m)	خلّ
anis (m)	yānsūn (m)	يانسون
manjericão (m)	rīḥān (m)	ريحان
cravo (m)	qurumful (m)	قرنفل
gengibre (m)	zanʒabīl (m)	زنجبيل
coentro (m)	kuzbara (f)	كزبرة

canela (f)	qirfa (f)	قرفة
sésamo (m)	simsim (m)	سمسم
folhas (f pl) de louro	awrāq al ɣār (pl)	أوراق الغار
páprica (f)	babrika (f)	بابريكا
cominho (m)	karāwiya (f)	كراوية
açafrão (m)	zaʿfarān (m)	زعفران

42. Refeições

comida (f)	akl (m)	أكل
comer (vt)	akal	أكل
pequeno-almoço (m)	fuṭūr (m)	فطور
tomar o pequeno-almoço	afṭar	أفطر
almoço (m)	ɣadā' (m)	غداء
almoçar (vi)	taɣadda	تغدّى
jantar (m)	ʿaʃā' (m)	عشاء
jantar (vi)	taʿaʃʃa	تعشّى
apetite (m)	ʃahiyya (f)	شهيّة
Bom apetite!	hanīʾan marīʾan!	هنيئًا مريئًا!
abrir (~ uma lata, etc.)	fataḥ	فتح
derramar (vt)	dalaq	دلق
derramar-se (vr)	indalaq	إندلق
ferver (vi)	ɣala	غلى
ferver (vt)	ɣala	غلى
fervido	maɣliy	مغلي
arrefecer (vt)	barrad	برّد
arrefecer-se (vr)	tabarrad	تبرّد
sabor, gosto (m)	ṭaʿm (m)	طعم
gostinho (m)	al maðāq al ʿāliq fil fam (m)	المذاق العالق فى الفم
fazer dieta	faqad al wazn	فقد الوزن
dieta (f)	ḥimya ɣaðāʾiyya (f)	حمية غذائية
vitamina (f)	vitamīn (m)	فيتامين
caloria (f)	suʿra ḥarāriyya (f)	سعرة حراريّة
vegetariano (m)	nabātiy (m)	نباتي
vegetariano	nabātiy	نباتي
gorduras (f pl)	duhūn (pl)	دهون
proteínas (f pl)	brutināt (pl)	بروتينات
carboidratos (m pl)	naʃawiyyāt (pl)	نشويّات
fatia (~ de limão, etc.)	ʃarīḥa (f)	شريحة
pedaço (~ de bolo)	qiṭʿa (f)	قطعة
migalha (f)	futāta (f)	فتاتة

43. Por a mesa

colher (f)	milʿaqa (f)	ملعقة
faca (f)	sikkīn (m)	سكّين

garfo (m)	ʃawka (f)	شوكة
chávena (f)	finʒān (m)	فنجان
prato (m)	ṭabaq (m)	طبق
pires (m)	ṭabaq finʒān (m)	طبق فنجان
guardanapo (m)	mandīl (m)	منديل
palito (m)	χallat asnān (f)	خلّة أسنان

44. Restaurante

restaurante (m)	maṭʿam (m)	مطعم
café (m)	kafé (m), maqha (m)	كافيه, مقهى
bar (m), cervejaria (f)	bār (m)	بار
salão (m) de chá	ṣālun ʃāy (m)	صالون شاي
empregado (m) de mesa	nādil (m)	نادل
empregada (f) de mesa	nādila (f)	نادلة
barman (m)	bārman (m)	بارمان
ementa (f)	qāʾimat aṭ ṭaʿām (f)	قائمة طعام
lista (f) de vinhos	qāʾimat al χumūr (f)	قائمة خمور
reservar uma mesa	haʒaz māʾida	حجز مائدة
prato (m)	waʒba (f)	وجبة
pedir (vt)	ṭalab	طلب
fazer o pedido	ṭalab	طلب
aperitivo (m)	ʃarāb (m)	شراب
entrada (f)	muqabbilāt (pl)	مقبّلات
sobremesa (f)	ḥalawiyyāt (pl)	حلويّات
conta (f)	ḥisāb (m)	حساب
pagar a conta	dafaʿ al ḥisāb	دفع الحساب
dar o troco	aʿṭa al bāqi	أعطى الباقي
gorjeta (f)	baqʃīʃ (m)	بقشيش

Família, parentes e amigos

45. Informação pessoal. Formulários

nome (m)	ism (m)	إسم
apelido (m)	ism al 'ā'ila (m)	إسم العائلة
data (f) de nascimento	tarīx al mīlād (m)	تاريخ الميلاد
local (m) de nascimento	makān al mīlād (m)	مكان الميلاد
nacionalidade (f)	ʒinsiyya (f)	جنسية
lugar (m) de residência	maqarr al iqāma (m)	مقر الإقامة
país (m)	balad (m)	بلد
profissão (f)	mihna (f)	مهنة
sexo (m)	ʒins (m)	جنس
estatura (f)	ṭūl (m)	طول
peso (m)	wazn (m)	وزن

46. Membros da família. Parentes

mãe (f)	umm (f)	أمّ
pai (m)	ab (m)	أب
filho (m)	ibn (m)	إبن
filha (f)	ibna (f)	إبنة
filha (f) mais nova	al ibna aṣ ṣaɣīra (f)	الإبنة الصغيرة
filho (m) mais novo	al ibn aṣ ṣaɣīr (m)	الابن الصغير
filha (f) mais velha	al ibna al kabīra (f)	الإبنة الكبيرة
filho (m) mais velho	al ibn al kabīr (m)	الإبن الكبير
irmão (m)	ax (m)	أخ
irmão (m) mais velho	al ax al kabīr (m)	الأخ الكبير
irmão (m) mais novo	al ax aṣ ṣaɣīr (m)	الأخ الصغير
irmã (f)	uxt (f)	أخت
irmã (f) mais velha	al uxt al kabīra (f)	الأخت الكبيرة
irmã (f) mais nova	al uxt aṣ ṣaɣīra (f)	الأخت الصغيرة
primo (m)	ibn 'amm (m), ibn xāl (m)	إبن عمّ، إبن خال
prima (f)	ibnat 'amm (f), ibnat xāl (f)	إبنة عم، إبنة خال
mamã (f)	mama (f)	ماما
papá (m)	baba (m)	بابا
pais (pl)	wālidān (du)	والدان
criança (f)	ṭifl (m)	طفل
crianças (f pl)	aṭfāl (pl)	أطفال
avó (f)	ʒidda (f)	جدّة
avô (m)	ʒadd (m)	جدّ
neto (m)	ḥafīd (m)	حفيد

neta (f)	ḥafīda (f)	حفيدة
netos (pl)	aḥfād (pl)	أحفاد
tio (m)	'amm (m), χāl (m)	عمّ، خال
tia (f)	'amma (f), χāla (f)	عمّة، خالة
sobrinho (m)	ibn al aχ (m), ibn al uχt (m)	إبن الأخ، إبن الأخت
sobrinha (f)	ibnat al aχ (f), ibnat al uχt (f)	إبنة الأخ، إبنة الأخت
sogra (f)	ḥamātt (f)	حماة
sogro (m)	ḥamm (m)	حم
genro (m)	zawʒ al ibna (m)	زوج الأبنة
madrasta (f)	zawʒat al ab (f)	زوجة الأب
padrasto (m)	zawʒ al umm (m)	زوج الأمّ
criança (f) de colo	ṭifl raḍī' (m)	طفل رضيع
bebé (m)	mawlūd (m)	مولود
menino (m)	walad ṣaɣīr (m)	ولد صغير
mulher (f)	zawʒa (f)	زوجة
marido (m)	zawʒ (m)	زوج
esposo (m)	zawʒ (m)	زوج
esposa (f)	zawʒa (f)	زوجة
casado	mutazawwiʒ	متزوّج
casada	mutazawwiʒa	متزوّجة
solteiro	a'zab	أعزب
solteirão (m)	a'zab (m)	أعزب
divorciado	muṭallaq (m)	مطلّق
viúva (f)	armala (f)	أرملة
viúvo (m)	armal (m)	أرمل
parente (m)	qarīb (m)	قريب
parente (m) próximo	nasīb qarīb (m)	نسيب قريب
parente (m) distante	nasīb ba'īd (m)	نسيب بعيد
parentes (m pl)	aqārib (pl)	أقارب
órfão (m), órfã (f)	yatīm (m)	يتيم
tutor (m)	waliyy amr (m)	وليّ أمر
adotar (um filho)	tabanna	تبنّى
adotar (uma filha)	tabanna	تبنّى

Medicina

47. Doenças

doença (f)	maraḍ (m)	مرض
estar doente	maraḍ	مرض
saúde (f)	ṣiḥḥa (f)	صحّة

nariz (m) a escorrer	zukām (m)	زكام
amigdalite (f)	iltihāb al lawzatayn (m)	التهاب اللوزتين
constipação (f)	bard (m)	برد
constipar-se (vr)	aṣābahu al bard	أصابه البرد

bronquite (f)	iltihāb al qaṣabāt (m)	إلتهاب القصبات
pneumonia (f)	iltihāb ar ri'atayn (m)	إلتهاب الرئتين
gripe (f)	influnza (f)	إنفلونزا

míope	qaṣīr an naẓar	قصير النظر
presbita	ba'īd an naẓar	بعيد النظر
estrabismo (m)	ḥawal (m)	حول
estrábico	aḥwal	أحول
catarata (f)	katarakt (f)	كاتاراكت
glaucoma (m)	glawkūma (f)	جلوكوما

AVC (m), apoplexia (f)	sakta (f)	سكتة
ataque (m) cardíaco	iḥtifā' (m)	إحتشاء
enfarte (m) do miocárdio	nawba qalbiya (f)	نوبة قلبية
paralisia (f)	ʃalal (m)	شلل
paralisar (vt)	ʃall	شلّ

alergia (f)	ḥassāsiyya (f)	حسّاسيّة
asma (f)	rabw (m)	ربو
diabetes (f)	ad dā' as sukkariy (m)	الداء السكّريّ

dor (f) de dentes	alam al asnān (m)	ألم الأسنان
cárie (f)	naxar al asnān (m)	نخر الأسنان

diarreia (f)	ishāl (m)	إسهال
prisão (f) de ventre	imsāk (m)	إمساك
desarranjo (m) intestinal	'usr al haḍm (m)	عسر الهضم
intoxicação (f) alimentar	tasammum (m)	تسمّم
intoxicar-se	tasammam	تسمّم

artrite (f)	iltihāb al mafāṣil (m)	إلتهاب المفاصل
raquitismo (m)	kusāḥ al aṭfāl (m)	كساح الأطفال
reumatismo (m)	riumatizm (m)	روماتزم
arteriosclerose (f)	taṣṣallub aʃ ʃarayīn (m)	تصلّب الشرايين
gastrite (f)	iltihāb al ma'ida (m)	إلتهاب المعدة
apendicite (f)	iltihāb az zā'ida ad dūdiyya (m)	إلتهاب الزائدة الدوديّة

colecistite (f)	iltihāb al marāra (m)	إلتهاب المرارة
úlcera (f)	qurḥa (f)	قرحة
sarampo (m)	maraḍ al ḥaṣba (m)	مرض الحصبة
rubéola (f)	ḥaṣba almāniyya (f)	حصبة ألمانية
iterícia (f)	yaraqān (m)	يرقان
hepatite (f)	iltihāb al kabd al vayrūsiy (m)	إلتهاب الكبد الفيروسيّ
esquizofrenia (f)	ʃizufrīniya (f)	شيزوفرينيا
raiva (f)	dāʾ al kalb (m)	داء الكلب
neurose (f)	ʿiṣāb (m)	عصاب
comoção (f) cerebral	irtiʒāʒ al muxx (m)	إرتجاج المخ
cancro (m)	saraṭān (m)	سرطان
esclerose (f)	taṣṣallub (m)	تصلّب
esclerose (f) múltipla	taṣṣallub mutaʿaddid (m)	تصلّب متعدد
alcoolismo (m)	idmān al xamr (m)	إدمان الخمر
alcoólico (m)	mudmin al xamr (m)	مدمن الخمر
sifilis (f)	sifilis az zuhariy (m)	سفلس الزهري
SIDA (f)	al aydz (m)	الإيدز
tumor (m)	waram (m)	ورم
maligno	xabīθ	خبيث
benigno	ḥamīd (m)	حميد
febre (f)	ḥumma (f)	حمّى
malária (f)	malāriya (f)	ملاريا
gangrena (f)	ɣanɣrīna (f)	غنغرينا
enjoo (m)	duwār al baḥr (m)	دوار البحر
epilepsia (f)	maraḍ aṣ ṣarʿ (m)	مرض الصرع
epidemia (f)	wabāʾ (m)	وباء
tifo (m)	tīfus (m)	تيفوس
tuberculose (f)	maraḍ as sull (m)	مرض السلّ
cólera (f)	kulīra (f)	كوليرا
peste (f)	ṭāʿūn (m)	طاعون

48. Sintomas. Tratamentos. Parte 1

sintoma (m)	ʿaraḍ (m)	عرض
temperatura (f)	ḥarāra (f)	حرارة
febre (f)	ḥumma (f)	حمّى
pulso (m)	nabḍ (m)	نبض
vertigem (f)	dawxa (f)	دوخة
quente (testa, etc.)	ḥārr	حارّ
calafrio (m)	nafaḍān (m)	نفضان
pálido	aṣfar	أصفر
tosse (f)	suʿāl (m)	سعال
tossir (vi)	saʿal	سعل
espirrar (vi)	ʿaṭas	عطس
desmaio (m)	iɣmāʾ (m)	إغماء

desmaiar (vi)	ɣumiya ʿalayh	غمي عليه
nódoa (f) negra	kadma (f)	كدمة
galo (m)	tawarrum (m)	تورّم
magoar-se (vr)	iṣṭadam	إصطدم
pisadura (f)	raḍḍ (m)	رضّ
aleijar-se (vr)	taraḍḍaḍ	ترضّض
coxear (vi)	ʿaraʒ	عرج
deslocação (f)	ҳalʿ (m)	خلع
deslocar (vt)	ҳalaʿ	خلع
fratura (f)	kasr (m)	كسر
fraturar (vt)	inkasar	إنكسر
corte (m)	ʒurḥ (m)	جرح
cortar-se (vr)	ʒaraḥ nafsah	جرح نفسه
hemorragia (f)	nazf (m)	نزف
queimadura (f)	ḥarq (m)	حرق
queimar-se (vr)	taʃayyat	تشيّط
picar (vt)	waҳaz	وخز
picar-se (vr)	waҳaz nafsah	وخز نفسه
lesionar (vt)	aṣāb	أصاب
lesão (m)	iṣāba (f)	إصابة
ferida (f), ferimento (m)	ʒurḥ (m)	جرح
trauma (m)	ṣadma (f)	صدمة
delirar (vi)	haða	هذى
gaguejar (vi)	talaʿsam	تلعثم
insolação (f)	ḍarbat ʃams (f)	ضربة شمس

49. Sintomas. Tratamentos. Parte 2

dor (f)	alam (m)	ألم
farpa (no dedo)	ʃaẓiyya (f)	شظيّة
suor (m)	ʿirq (m)	عرق
suar (vi)	ʿariq	عرق
vómito (m)	taqayyuʿ (m)	تقيّؤ
convulsões (f pl)	taʃannuʒāt (pl)	تشنّجات
grávida	ḥāmil	حامل
nascer (vi)	wulid	وُلد
parto (m)	wilāda (f)	ولادة
dar à luz	walad	ولد
aborto (m)	iʒhāḍ (m)	إجهاض
respiração (f)	tanaffus (m)	تنفّس
inspiração (f)	istinʃāq (m)	إستنشاق
expiração (f)	zafīr (m)	زفير
expirar (vi)	zafar	زفر
inspirar (vi)	istanʃaq	إستنشق
inválido (m)	muʿāq (m)	معاق
aleijado (m)	muqʿad (m)	مقعد

toxicodependente (m)	mudmin muxaddirāt (m)	مدمن مخدّرات
surdo	aṭraʃ	أطرش
mudo	axras	أخرس
surdo-mudo	aṭraʃ axras	أطرش أخرس

louco (adj.)	maʒnūn	مجنون
louco (m)	maʒnūn (m)	مجنون
louca (f)	maʒnūna (f)	مجنونة
ficar louco	ʒunn	جنّ

gene (m)	ʒīn (m)	جين
imunidade (f)	manāʻa (f)	مناعة
hereditário	wirāθiy	وراثيّ
congénito	xilqiy munð al wilāda	خلقيّ منذ الولادة

vírus (m)	virūs (m)	فيروس
micróbio (m)	mikrūb (m)	ميكروب
bactéria (f)	ʒurθūma (f)	جرثومة
infeção (f)	ʻadwa (f)	عدوى

50. Sintomas. Tratamentos. Parte 3

hospital (m)	mustaʃfa (m)	مستشفى
paciente (m)	marīḍ (m)	مريض

diagnóstico (m)	taʃxīṣ (m)	تشخيص
cura (f)	ʻilāʒ (m)	علاج
tratamento (m) médico	ʻilāʒ (m)	علاج
curar-se (vr)	taʻālaʒ	تعالج
tratar (vt)	ʻālaʒ	عالج
cuidar (pessoa)	marraḍ	مرّض
cuidados (m pl)	ʻināya (f)	عناية

operação (f)	ʻamaliyya ʒaraḥiyya (f)	عمليّة جرحيّة
enfaixar (vt)	ḍammad	ضمّد
enfaixamento (m)	taḍmīd (m)	تضميد

vacinação (f)	talqīḥ (m)	تلقيح
vacinar (vt)	laqqaḥ	لقّح
injeção (f)	ḥuqna (f)	حقنة
dar uma injeção	ḥaqan ibra	حقن إبرة

ataque (~ de asma, etc.)	nawba (f)	نوبة
amputação (f)	batr (m)	بتر
amputar (vt)	batar	بتر
coma (f)	yaybūba (f)	غيبوبة
estar em coma	kān fī ḥālat yaybūba	كان في حالة غيبوبة
reanimação (f)	al ʻināya al murakkaza (f)	العناية المركّزة

recuperar-se (vr)	ʃufiy	شفي
estado (~ de saúde)	ḥāla (f)	حالة
consciência (f)	waʻy (m)	وعي
memória (f)	ðākira (f)	ذاكرة
tirar (vt)	xalaʻ	خلع

chumbo (m), obturação (f)	ḥaʃw (m)	حشو
chumbar, obturar (vt)	ḥaʃa	حشا
hipnose (f)	at tanwīm al maɣnaṭīsiy (m)	التنويم المغناطيسيّ
hipnotizar (vt)	nawwam	نوّم

51. Médicos

médico (m)	ṭabīb (m)	طبيب
enfermeira (f)	mumarriḍa (f)	ممرّضة
médico (m) pessoal	duktūr ʃaxṣiy (m)	دكتور شخصيّ
dentista (m)	ṭabīb al asnān (m)	طبيب الأسنان
oculista (m)	ṭabīb al ʿuyūn (m)	طبيب العيون
terapeuta (m)	ṭabīb bāṭiniy (m)	طبيب باطنيّ
cirurgião (m)	ʒarrāḥ (m)	جرّاح
psiquiatra (m)	ṭabīb nafsiy (m)	طبيب نفسيّ
pediatra (m)	ṭabīb al aṭfāl (m)	طبيب الأطفال
psicólogo (m)	sikulūʒiy (m)	سيكولوجيّ
ginecologista (m)	ṭabīb an nisāʾ (m)	طبيب النساء
cardiologista (m)	ṭabīb al qalb (m)	طبيب القلب

52. Medicina. Drogas. Acessórios

medicamento (m)	dawāʾ (m)	دواء
remédio (m)	ʿilāʒ (m)	علاج
receitar (vt)	waṣaf	وصف
receita (f)	waṣfa (f)	وصفة
comprimido (m)	qurṣ (m)	قرص
pomada (f)	marham (m)	مرهم
ampola (f)	ambūla (f)	أمبولة
preparado (m)	dawāʾ ʃarāb (m)	دواء شراب
xarope (m)	ʃarāb (m)	شراب
cápsula (f)	ḥabba (f)	حبّة
remédio (m) em pó	ðarūr (m)	ذرور
ligadura (f)	ḍammāda (f)	ضمادة
algodão (m)	quṭn (m)	قطن
iodo (m)	yūd (m)	يود
penso (m) rápido	blāstir (m)	بلاستر
conta-gotas (m)	māṣṣat al bastara (f)	ماصّة البسترة
termómetro (m)	tirmūmitr (m)	ترمومتر
seringa (f)	miḥqana (f)	محقنة
cadeira (f) de rodas	kursiy mutaḥarrik (m)	كرسيّ متحرّك
muletas (f pl)	ʿukkāzān (du)	عكّازان
analgésico (m)	musakkin (m)	مسكّن
laxante (m)	mulayyin (m)	ملَيّن

álcool (m) etílico	iθanūl (m)	إيثانول
ervas (f pl) medicinais	a'ʃāb ṭibbiyya (pl)	أعشاب طبية
de ervas (chá ~)	'uʃbiy	عشبي

HABITAT HUMANO

Cidade

53. Cidade. Vida na cidade

Português	Transliteração	Árabe
cidade (f)	madīna (f)	مدينة
capital (f)	ʿāṣima (f)	عاصمة
aldeia (f)	qarya (f)	قرية
mapa (m) da cidade	xarīṭat al madīna (f)	خريطة المدينة
centro (m) da cidade	markaz al madīna (m)	مركز المدينة
subúrbio (m)	ḍāḥiya (f)	ضاحية
suburbano	aḍ ḍawāḥi	الضواحي
periferia (f)	aṭrāf al madīna (pl)	أطراف المدينة
arredores (m pl)	ḍawāḥi al madīna (pl)	ضواحي المدينة
quarteirão (m)	ḥayy (m)	حي
quarteirão (m) residencial	ḥayy sakaniy (m)	حي سكني
tráfego (m)	ḥarakat al murūr (f)	حركة المرور
semáforo (m)	iʃārāt al murūr (pl)	إشارات المرور
transporte (m) público	wasāʾil an naql (pl)	وسائل النقل
cruzamento (m)	taqāṭuʿ (m)	تقاطع
passadeira (f)	maʿbar al muʃāt (m)	معبر المشاة
passagem (f) subterrânea	nafaq muʃāt (m)	نفق مشاة
cruzar, atravessar (vt)	ʿabar	عبر
peão (m)	māʃi (m)	ماشي
passeio (m)	raṣīf (m)	رصيف
ponte (f)	ʒisr (m)	جسر
margem (f) do rio	kurnīʃ (m)	كورنيش
fonte (f)	nāfūra (f)	نافورة
alameda (f)	mamʃa (m)	ممشى
parque (m)	ḥadīqa (f)	حديقة
bulevar (m)	bulvār (m)	بولفار
praça (f)	maydān (m)	ميدان
avenida (f)	ʃāriʿ (m)	شارع
rua (f)	ʃāriʿ (m)	شارع
travessa (f)	zuqāq (m)	زقاق
beco (m) sem saída	ṭarīq masdūd (m)	طريق مسدود
casa (f)	bayt (m)	بيت
edifício, prédio (m)	mabna (m)	مبنى
arranha-céus (m)	nāṭiḥat saḥāb (f)	ناطحة سحاب
fachada (f)	wāʒiha (f)	واجهة
telhado (m)	saqf (m)	سقف

Português	Transliteração	Árabe
janela (f)	ʃubbāk (m)	شبَّاك
arco (m)	qaws (m)	قوس
coluna (f)	ʿamūd (m)	عمود
esquina (f)	zāwiya (f)	زاوية
montra (f)	vatrīna (f)	فترينة
letreiro (m)	lāfita (f)	لافتة
cartaz (m)	mulṣaq (m)	ملصق
cartaz (m) publicitário	mulṣaq iʿlāniy (m)	ملصق إعلاني
painel (m) publicitário	lawḥat iʿlānāt (f)	لوحة إعلانات
lixo (m)	zubāla (f)	زبالة
cesta (f) do lixo	ṣundūq zubāla (m)	صندوق زبالة
jogar lixo na rua	rama zubāla	رمى زبالة
aterro (m) sanitário	mazbala (f)	مزبلة
cabine (f) telefónica	kuʃk tilifūn (m)	كشك تليفون
candeeiro (m) de rua	ʿamūd al miṣbāḥ (m)	عمود المصباح
banco (m)	dikka (f), kursiy (m)	دكَّة, كرسي
polícia (m)	ʃurṭiy (m)	شرطي
polícia (instituição)	ʃurṭa (f)	شرطة
mendigo (m)	ʃaḥḥāð (m)	شحَّاذ
sem-abrigo (m)	mutaʃarrid (m)	متشرِّد

54. Instituições urbanas

Português	Transliteração	Árabe
loja (f)	maḥall (m)	محلّ
farmácia (f)	ṣaydaliyya (f)	صيدليَّة
ótica (f)	al adawāt al baṣariyya (pl)	الأدوات البصريَّة
centro (m) comercial	markaz tiʒāriy (m)	مركز تجاري
supermercado (m)	subirmarkit (m)	سوبرماركت
padaria (f)	maxbaz (m)	مخبز
padeiro (m)	xabbāz (m)	خبَّاز
pastelaria (f)	dukkān ḥalawāniy (m)	دكَّان حلواني
mercearia (f)	baqqāla (f)	بقَّالة
talho (m)	malḥama (f)	ملحمة
loja (f) de legumes	dukkān xuḍār (m)	دكَّان خضار
mercado (m)	sūq (f)	سوق
café (m)	kafé (m), maqha (m)	كافيه, مقهى
restaurante (m)	maṭʿam (m)	مطعم
bar (m), cervejaria (f)	ḥāna (f)	حانة
pizzaria (f)	maṭʿam pizza (m)	مطعم بيتزا
salão (m) de cabeleireiro	ṣālūn ḥilāqa (m)	صالون حلاقة
correios (m pl)	maktab al barīd (m)	مكتب البريد
lavandaria (f)	tanzīf ʒāff (m)	تنظيف جافّ
estúdio (m) fotográfico	istūdiyu taṣwīr (m)	إستوديو تصوير
sapataria (f)	maḥall aḥðiya (m)	محلّ أحذية
livraria (f)	maḥall kutub (m)	محلّ كتب

loja (f) de artigos de desporto	maḥall riyāḍiy (m)	محلّ رياضيّ
reparação (f) de roupa	maḥall xiyāṭat malābis (m)	محلّ خياطة ملابس
aluguer (m) de roupa	maḥall ta'ʒīr malābis rasmiyya (m)	محلّ تأجير ملابس رسمية
aluguer (m) de filmes	maḥal ta'ʒīr vidiyu (m)	محلّ تأجير فيديو
circo (m)	sirk (m)	سيرك
jardim (m) zoológico	ḥadīqat al ḥayawān (f)	حديقة حيوان
cinema (m)	sinima (f)	سينما
museu (m)	matḥaf (m)	متحف
biblioteca (f)	maktaba (f)	مكتبة
teatro (m)	masraḥ (m)	مسرح
ópera (f)	ubra (f)	أوبرا
clube (m) noturno	malha layliy (m)	ملهى ليليّ
casino (m)	kazinu (m)	كازينو
mesquita (f)	masʒid (m)	مسجد
sinagoga (f)	kanīs maʿbad yahūdiy (m)	كنيس معبد يهوديّ
catedral (f)	katidrā'iyya (f)	كاتدرائية
templo (m)	maʿbad (m)	معبد
igreja (f)	kanīsa (f)	كنيسة
instituto (m)	kulliyya (m)	كليّة
universidade (f)	ʒāmiʿa (f)	جامعة
escola (f)	madrasa (f)	مدرسة
prefeitura (f)	muqāṭaʿa (f)	مقاطعة
câmara (f) municipal	baladiyya (f)	بلديّة
hotel (m)	funduq (m)	فندق
banco (m)	bank (m)	بنك
embaixada (f)	safāra (f)	سفارة
agência (f) de viagens	ʃarikat siyāḥa (f)	شركة سياحة
agência (f) de informações	maktab istiʿlāmāt (m)	مكتب الإستعلامات
casa (f) de câmbio	ṣarrāfa (f)	صرّافة
metro (m)	mitru (m)	مترو
hospital (m)	mustaʃfa (m)	مستشفى
posto (m) de gasolina	maḥaṭṭat banzīn (f)	محطّة بنزين
parque (m) de estacionamento	mawqif as sayyārāt (m)	موقف السيّارات

55. Sinais

letreiro (m)	lāfita (f)	لافتة
inscrição (f)	bayān (m)	بيان
cartaz, póster (m)	mulṣaq iʿlāniy (m)	ملصق إعلانيّ
sinal (m) informativo	ʿalāmat ittiʒāh (f)	علامة إتّجاه
seta (f)	ʿalāmat iʃāra (f)	علامة إشارة
aviso (advertência)	taḥðīr (m)	تحذير
sinal (m) de aviso	lāfitat taḥðīr (f)	لافتة تحذير
avisar, advertir (vt)	ḥaððar	حذّر

dia (m) de folga	yawm ʿuṭla (m)	يوم عطلة
horário (m)	ʒadwal (m)	جدول
horário (m) de funcionamento	awqāt al ʿamal (pl)	أوقات العمل
BEM-VINDOS!	ahlan wa sahlan!	أهلًا وسهلًا
ENTRADA	duxūl	دخول
SAÍDA	xurūʒ	خروج
EMPURRE	idfaʿ	إدفع
PUXE	isḥab	إسحب
ABERTO	maftūḥ	مفتوح
FECHADO	muɣlaq	مغلق
MULHER	lis sayyidāt	للسيدات
HOMEM	lir riʒāl	للرجال
DESCONTOS	xaṣm	خصم
SALDOS	taxfīdāt	تخفيضات
NOVIDADE!	ʒadīd!	جديد!
GRÁTIS	maʒʒānan	مجّانًا
ATENÇÃO!	intibāh!	إنتباه!
NÃO HÁ VAGAS	kull al amākin mahʒūza	كل الأماكن محجوزة
RESERVADO	mahʒūz	محجوز
ADMINISTRAÇÃO	idāra	إدارة
SOMENTE PESSOAL AUTORIZADO	lil ʿāmilīn faqaṭ	للعاملين فقط
CUIDADO CÃO FEROZ	iḥðar wuʒūd al kalb	إحذر وجود الكلب
PROIBIDO FUMAR!	mamnūʿ at tadxīn	ممنوع التدخين
NÃO TOCAR	ʿadam al lams	عدم اللمس
PERIGOSO	xaṭīr	خطير
PERIGO	xaṭar	خطر
ALTA TENSÃO	tayyār ʿāli	تيّار عالي
PROIBIDO NADAR	as sibāḥa mamnūʿa	السباحة ممنوعة
AVARIADO	muʿaṭṭal	معطّل
INFLAMÁVEL	sarīʿ al iʃtiʿāl	سريع الإشتعال
PROIBIDO	mamnūʿ	ممنوع
ENTRADA PROIBIDA	mamnūʿ al murūr	ممنوع المرور
CUIDADO TINTA FRESCA	iḥðar ṭilāʾ ɣayr ʒāff	إحذر طلاء غير جاف

56. Transportes urbanos

autocarro (m)	bāṣ (m)	باص
elétrico (m)	trām (m)	ترام
troleicarro (m)	truli bāṣ (m)	ترولي باص
itinerário (m)	xaṭṭ (m)	خط
número (m)	raqm (m)	رقم
ir de ... (carro, etc.)	rakib ...	ركب ...
entrar (~ no autocarro)	rakib	ركب

descer de ...	nazil min	نزل من
paragem (f)	mawqif (m)	موقف
próxima paragem (f)	al maḥaṭṭa al qādima (f)	المحطّة القادمة
ponto (m) final	āxir maḥaṭṭa (f)	آخر محطّة
horário (m)	ʒadwal (m)	جدول
esperar (vt)	intaẓar	إنتظر
bilhete (m)	taðkira (f)	تذكرة
custo (m) do bilhete	uʒra (f)	أجرة
bilheteiro (m)	ṣarrāf (m)	صرّاف
controlo (m) dos bilhetes	taftīʃ taðkira (m)	تفتيش تذكرة
revisor (m)	mufattiʃ taðākir (m)	مفتّش تذاكر
atrasar-se (vr)	ta'axxar	تأخّر
perder (o autocarro, etc.)	ta'axxar	تأخّر
estar com pressa	istaʕʒal	إستعجل
táxi (m)	taksi (m)	تاكسي
taxista (m)	sā'iq taksi (m)	سائق تاكسي
de táxi (ir ~)	bit taksi	بالتاكسي
praça (f) de táxis	mawqif taksi (m)	موقف تاكسي
chamar um táxi	kallam tāksi	كلّم تاكسي
apanhar um táxi	axað taksi	أخذ تاكسي
tráfego (m)	ḥarakat al murūr (f)	حركة المرور
engarrafamento (m)	zaḥmat al murūr (f)	زحمة المرور
horas (f pl) de ponta	sāʕat að ðurwa (f)	ساعة الذروة
estacionar (vi)	awqaf	أوقف
estacionar (vt)	awqaf	أوقف
parque (m) de estacionamento	mawqif as sayyārāt (m)	موقف السيارات
metro (m)	mitru (m)	مترو
estação (f)	maḥaṭṭa (f)	محطّة
ir de metro	rakib al mitru	ركب المترو
comboio (m)	qiṭār (m)	قطار
estação (f)	maḥaṭṭat qiṭār (f)	محطّة قطار

57. Turismo

monumento (m)	timθāl (m)	تمثال
fortaleza (f)	qalʕa (f), ḥiṣn (m)	قلعة، حصن
palácio (m)	qaṣr (m)	قصر
castelo (m)	qalʕa (f)	قلعة
torre (f)	burʒ (m)	برج
mausoléu (m)	ḍarīḥ (m)	ضريح
arquitetura (f)	handasa miʕmāriyya (f)	هندسة معماريّة
medieval	min al qurūn al wusṭa	من القرون الوسطى
antigo	qadīm	قديم
nacional	waṭaniy	وطني
conhecido	maʃhūr	مشهور
turista (m)	sā'iḥ (m)	سائح
guia (pessoa)	murʃid (m)	مرشد

excursão (f)	ʒawla (f)	جولة
mostrar (vt)	ʻaraḍ	عرض
contar (vt)	ḥaddaθ	حدث
encontrar (vt)	waʒad	وجد
perder-se (vr)	ḍāʻ	ضاع
mapa (~ do metrô)	xarīṭa (f)	خريطة
mapa (~ da cidade)	xarīṭa (f)	خريطة
lembrança (f), presente (m)	tiðkār (m)	تذكار
loja (f) de presentes	maḥall hadāya (m)	محلّ هدايا
fotografar (vt)	ṣawwar	صوّر
fotografar-se	taṣawwar	تصوّر

58. Compras

comprar (vt)	iʃtara	إشترى
compra (f)	ʃayʼ (m)	شيء
fazer compras	iʃtara	إشترى
compras (f pl)	ʃubinɣ (m)	شوبينغ
estar aberta (loja, etc.)	maftūḥ	مفتوح
estar fechada	muɣlaq	مغلق
calçado (m)	aḥðiya (pl)	أحذية
roupa (f)	malābis (pl)	ملابس
cosméticos (m pl)	mawādd at taʒmīl (pl)	موادّ التجميل
alimentos (m pl)	maʼkūlāt (pl)	مأكولات
presente (m)	hadiyya (f)	هديّة
vendedor (m)	bāʼiʻ (m)	بائع
vendedora (f)	bāʼiʻa (f)	بائعة
caixa (f)	ṣundūʼ ad dafʻ (m)	صندوق الدفع
espelho (m)	mirʼāt (f)	مرآة
balcão (m)	minḍada (f)	منضدة
cabine (f) de provas	ɣurfat al qiyās (f)	غرفة القياس
provar (vt)	ʒarrab	جرّب
servir (vi)	nāsab	ناسب
gostar (apreciar)	aʻʒab	أعجب
preço (m)	siʻr (m)	سعر
etiqueta (f) de preço	tikit as siʻr (m)	تيكت السعر
custar (vt)	kallaf	كلّف
Quanto?	bikam?	بكم؟
desconto (m)	xaṣm (m)	خصم
não caro	ɣayr ɣāli	غير غال
barato	raxīṣ	رخيص
caro	ɣāli	غال
É caro	haða ɣāli	هذا غال
aluguer (m)	istiʼʒār (m)	إستئجار
alugar (vestidos, etc.)	istaʼʒar	إستأجر

crédito (m)	i'timān (m)	إئتمان
a crédito	bid dayn	بالدين

59. Dinheiro

dinheiro (m)	nuqūd (pl)	نقود
câmbio (m)	tahwīl 'umla (m)	تحويل عملة
taxa (f) de câmbio	si'r aṣ ṣarf (m)	سعر الصرف
Caixa Multibanco (m)	ṣarrāf 'āliy (m)	صرّاف آليّ
moeda (f)	qiṭ'a naqdiyya (f)	قطعة نقديّة
dólar (m)	dulār (m)	دولار
euro (m)	yuru (m)	يورو
lira (f)	lira iṭāliyya (f)	ليرة إيطالية
marco (m)	mark almāniy (m)	مارك ألماني
franco (m)	frank (m)	فرنك
libra (f) esterlina	ʒunayh istirlīniy (m)	جنيه استرلينيّ
iene (m)	yīn (m)	ين
dívida (f)	dayn (m)	دين
devedor (m)	mudīn (m)	مدين
emprestar (vt)	sallaf	سلّف
pedir emprestado	istalaf	إستلف
banco (m)	bank (m)	بنك
conta (f)	ḥisāb (m)	حساب
depositar (vt)	awda'	أودع
depositar na conta	awda' fil ḥisāb	أودع في الحساب
levantar (vt)	saḥab min al ḥisāb	سحب من الحساب
cartão (m) de crédito	biṭāqat i'timān (f)	بطاقة إئتمان
dinheiro (m) vivo	nuqūd (pl)	نقود
cheque (m)	ʃīk (m)	شيك
passar um cheque	katab ʃīk	كتب شيكًا
livro (m) de cheques	daftar ʃīkāt (m)	دفتر شيكات
carteira (f)	maḥfaẓat ʒīb (f)	محفظة جيب
porta-moedas (m)	maḥfaẓat fakka (f)	محفظة فكّة
cofre (m)	xizāna (f)	خزانة
herdeiro (m)	wāris (m)	وارث
herança (f)	wirāθa (f)	وراثة
fortuna (riqueza)	θarwa (f)	ثروة
arrendamento (m)	'īʒār (m)	إيجار
renda (f) de casa	uʒrat as sakan (f)	أجرة السكن
alugar (vt)	ista'ʒar	إستأجر
preço (m)	si'r (m)	سعر
custo (m)	θaman (m)	ثمن
soma (f)	mablaɣ (m)	مبلغ
gastar (vt)	ṣaraf	صرف
gastos (m pl)	maṣārīf (pl)	مصاريف

economizar (vi)	waffar	وفّر
económico	muwaffir	موفّر
pagar (vt)	dafaʿ	دفع
pagamento (m)	dafʿ (m)	دفع
troco (m)	al bāqi (m)	الباقي
imposto (m)	ḍarība (f)	ضريبة
multa (f)	ɣarāma (f)	غرامة
multar (vt)	faraḍ ɣarāma	فرض غرامة

60. Correios. Serviço postal

correios (m pl)	maktab al barīd (m)	مكتب البريد
correio (m)	al barīd (m)	البريد
carteiro (m)	sāʿi al barīd (m)	ساعي البريد
horário (m)	awqāt al ʿamal (pl)	أوقات العمل
carta (f)	risāla (f)	رسالة
carta (f) registada	risāla musaʒʒala (f)	رسالة مسجّلة
postal (m)	biṭāqa barīdiyya (f)	بطاقة بريديّة
telegrama (m)	barqiyya (f)	برقيّة
encomenda (f) postal	ṭard (m)	طرد
remessa (f) de dinheiro	ḥawāla māliyya (f)	حوالة ماليّة
receber (vt)	istalam	إستلم
enviar (vt)	arsal	أرسل
envio (m)	irsāl (m)	إرسال
endereço (m)	ʿunwān (m)	عنوان
código (m) postal	raqm al barīd (m)	رقم البريد
remetente (m)	mursil (m)	مرسل
destinatário (m)	mursal ilayh (m)	مرسل إليه
nome (m)	ism (m)	إسم
apelido (m)	ism al ʿāʾila (m)	إسم العائلة
tarifa (f)	taʿrīfa (f)	تعريفة
ordinário	ʿādiy	عاديّ
económico	muwaffir	موفّر
peso (m)	wazn (m)	وزن
pesar (estabelecer o peso)	wazan	وزن
envelope (m)	ẓarf (m)	ظرف
selo (m)	ṭābiʿ (m)	طابع
colar o selo	alṣaq ṭābiʿ	ألصق طابعا

Moradia. Casa. Lar

61. Casa. Eletricidade

eletricidade (f)	kahrabā' (m)	كهرباء
lâmpada (f)	lamba (f)	لمبة
interruptor (m)	miftāḥ (m)	مفتاح
fusível (m)	fāṣima (f)	فاصمة
fio, cabo (m)	silk (m)	سلك
instalação (f) elétrica	aslāk (pl)	أسلاك
contador (m) de eletricidade	ʻaddād (m)	عدّاد
indicação (f), registo (m)	qirāʼa (f)	قراءة

62. Moradia. Mansão

casa (f) de campo	bayt rīfiy (m)	بيت ريفيّ
vila (f)	villa (f)	فيلا
ala (~ do edifício)	ʒanāḥ (m)	جناح
jardim (m)	ḥadīqa (f)	حديقة
parque (m)	ḥadīqa (f)	حديقة
estufa (f)	dafīʼa (f)	دفيئة
cuidar de ...	ihtamm	إهتمّ
piscina (f)	masbaḥ (m)	مسبح
ginásio (m)	qāʻat at tamrīnāt (f)	قاعة التمرينات
campo (m) de ténis	malʻab tinis (m)	ملعب تنس
cinema (m)	sinima manziliyya (f)	سينما منزليّة
garagem (f)	qarāʒ (m)	جراج
propriedade (f) privada	milkiyya xāṣṣa (f)	ملكيّة خاصّة
terreno (m) privado	arḍ xāṣṣa (m)	أرض خاصّة
advertência (f)	taḥðīr (m)	تحذير
sinal (m) de aviso	lāfitat taḥðīr (f)	لافتة تحذير
guarda (f)	ḥirāsa (f)	حراسة
guarda (m)	ḥāris amn (m)	حارس أمن
alarme (m)	ʒihāð inðār (m)	جهاز انذار

63. Apartamento

apartamento (m)	ʃaqqa (f)	شقّة
quarto (m)	ɣurfa (f)	غرفة
quarto (m) de dormir	ɣurfat an nawm (f)	غرفة النوم

sala (f) de jantar	ɣurfat il akl (f)	غرفة الأكل
sala (f) de estar	ṣālat al istiqbāl (f)	صالة الإستقبال
escritório (m)	maktab (m)	مكتب
antessala (f)	madχal (m)	مدخل
quarto (m) de banho	ḥammām (m)	حمّام
toilette (lavabo)	ḥammām (m)	حمّام
teto (m)	saqf (m)	سقف
chão, soalho (m)	arḍ (f)	أرض
canto (m)	zāwiya (f)	زاوية

64. Mobiliário. Interior

mobiliário (m)	aθāθ (m)	أثاث
mesa (f)	maktab (m)	مكتب
cadeira (f)	kursiy (m)	كرسيّ
cama (f)	sarīr (m)	سرير
divã (m)	kanaba (f)	كنبة
cadeirão (m)	kursiy (m)	كرسيّ
estante (f)	χizānat kutub (f)	خزانة كتب
prateleira (f)	raff (m)	رفّ
guarda-vestidos (m)	dūlāb (m)	دولاب
cabide (m) de parede	ʃammāʻa (f)	شمّاعة
cabide (m) de pé	ʃammāʻa (f)	شمّاعة
cómoda (f)	dulāb adrāʒ (m)	دولاب أدراج
mesinha (f) de centro	ṭāwilat al qahwa (f)	طاولة القهوة
espelho (m)	mirʼāt (f)	مرآة
tapete (m)	siʒāda (f)	سجادة
tapete (m) pequeno	siʒāda (f)	سجادة
lareira (f)	midfaʼa ḥāʼiṭiyya (f)	مدفأة حائطيّة
vela (f)	ʃamʻa (f)	شمعة
castiçal (m)	ʃamʻadān (m)	شمعدان
cortinas (f pl)	satāʼir (pl)	ستائر
papel (m) de parede	waraq ḥīṭān (m)	ورق حيطان
estores (f pl)	haṣīrat ʃubbāk (f)	حصيرة شبّاك
candeeiro (m) de mesa	miṣbāḥ aṭ ṭāwila (m)	مصباح الطاولة
candeeiro (m) de parede	miṣbāḥ al ḥāʼiṭ (f)	مصباح الحائط
candeeiro (m) de pé	miṣbāḥ arḍiy (m)	مصباح أرضيّ
lustre (m)	naʒafa (f)	نجفة
pé (de mesa, etc.)	riʒl (f)	رجل
braço (m)	masnad (m)	مسند
costas (f pl)	masnad (m)	مسند
gaveta (f)	durʒ (m)	درج

65. Quarto de dormir

roupa (f) de cama	bayāḍāt as sarīr (pl)	بياضات السرير
almofada (f)	wisāda (f)	وسادة
fronha (f)	kīs al wisāda (m)	كيس الوسادة
cobertor (m)	baṭṭāniyya (f)	بطانية
lençol (m)	milāya (f)	ملاية
colcha (f)	ɣiṭā' as sarīr (m)	غطاء السرير

66. Cozinha

cozinha (f)	maṭbax (m)	مطبخ
gás (m)	ɣāz (m)	غاز
fogão (m) a gás	butuɣāz (m)	بوتوغاز
fogão (m) elétrico	furn kaharabā'iy (m)	فرن كهربائي
forno (m)	furn (m)	فرن
forno (m) de micro-ondas	furn al mikruwayv (m)	فرن الميكروويف
frigorífico (m)	θallāʒa (f)	ثلاجة
congelador (m)	frīzir (m)	فريزير
máquina (f) de lavar louça	ɣassāla (f)	غسّالة
moedor (m) de carne	farrāmat laḥm (f)	فرّامة لحم
espremedor (m)	'aṣṣāra (f)	عصّارة
torradeira (f)	maḥmaṣat xubz (f)	محمصة خبز
batedeira (f)	xallāṭ (m)	خلاط
máquina (f) de café	mākinat ṣan' al qahwa (f)	ماكينة صنع القهوة
cafeteira (f)	kanaka (f)	كنكة
moinho (m) de café	maṭḥanat qahwa (f)	مطحنة قهوة
chaleira (f)	barrād (m)	برّاد
bule (m)	barrād aʃ ʃāy (m)	برّاد الشاي
tampa (f)	ɣiṭā' (m)	غطاء
coador (m) de chá	miṣfāt (f)	مصفاة
colher (f)	mil'aqa (f)	ملعقة
colher (f) de chá	mil'aqat ʃāy (f)	ملعقة شاي
colher (f) de sopa	mil'aqa kabīra (f)	ملعقة كبيرة
garfo (m)	ʃawka (f)	شوكة
faca (f)	sikkīn (m)	سكّين
louça (f)	ṣuḥūn (pl)	صحون
prato (m)	ṭabaq (m)	طبق
pires (m)	ṭabaq finʒān (m)	طبق فنجان
cálice (m)	ka's (f)	كأس
copo (m)	kubbāya (f)	كبّاية
chávena (f)	finʒān (m)	فنجان
açucareiro (m)	sukkariyya (f)	سكّرية
saleiro (m)	mamlaḥa (f)	مملحة
pimenteiro (m)	mabhara (f)	مبهرة

manteigueira (f)	ṣuḥn zubda (m)	صحن زبدة
panela, caçarola (f)	kassirūlla (f)	كاسرولة
frigideira (f)	ṭāsa (f)	طاسة
concha (f)	miɣrafa (f)	مغرفة
passador (m)	miṣfāt (f)	مصفاة
bandeja (f)	ṣīniyya (f)	صينية
garrafa (f)	zuʒāʒa (f)	زجاجة
boião (m) de vidro	barṭamān (m)	برطمان
lata (f)	tanaka (f)	تنكة
abre-garrafas (m)	fattāḥa (f)	فتّاحة
abre-latas (m)	fattāḥa (f)	فتّاحة
saca-rolhas (m)	barrīma (f)	بريمة
filtro (m)	filtir (m)	فلتر
filtrar (vt)	ṣaffa	صفّى
lixo (m)	zubāla (f)	زبالة
balde (m) do lixo	ṣundūq az zubāla (m)	صندوق الزبالة

67. Casa de banho

quarto (m) de banho	ḥammām (m)	حمّام
água (f)	māʼ (m)	ماء
torneira (f)	ḥanafiyya (f)	حنفية
água (f) quente	māʼ sāxin (m)	ماء ساخن
água (f) fria	māʼ bārid (m)	ماء بارد
pasta (f) de dentes	maʻʒūn asnān (m)	معجون أسنان
escovar os dentes	nazẓaf al asnān	نظّف الأسنان
escova (f) de dentes	furʃat asnān (f)	فرشة أسنان
barbear-se (vr)	ḥalaq	حلق
espuma (f) de barbear	raɣwa lil ḥilāqa (f)	رغوة للحلاقة
máquina (f) de barbear	mūs ḥilāqa (m)	موس حلاقة
lavar (vt)	ɣasal	غسل
lavar-se (vr)	istaḥamm	إستحمّ
duche (m)	dūʃ (m)	دوش
tomar um duche	axað ad duʃ	أخذ الدش
banheira (f)	ḥawḍ istiḥmām (m)	حوض استحمام
sanita (f)	mirḥāḍ (m)	مرحاض
lavatório (m)	ḥawḍ (m)	حوض
sabonete (m)	ṣābūn (m)	صابون
saboneteira (f)	ṣabbāna (f)	صبّانة
esponja (f)	līfa (f)	ليفة
champô (m)	ʃāmbū (m)	شامبو
toalha (f)	fūṭa (f)	فوطة
roupão (m) de banho	θawb ḥammām (m)	ثوب حمّام
lavagem (f)	ɣasīl (m)	غسيل
máquina (f) de lavar	ɣassāla (f)	غسّالة

lavar a roupa	ɣasal al malābis	غسل الملابس
detergente (m)	mashūq ɣasīl (m)	مسحوق غسيل

68. Eletrodomésticos

televisor (m)	tilivizyūn (m)	تليفزيون
gravador (m)	ʒihāz tasʒīl (m)	جهاز تسجيل
videogravador (m)	ʒihāz tasʒīl vidiyu (m)	جهاز تسجيل فيديو
rádio (m)	ʒihāz radiyu (m)	جهاز راديو
leitor (m)	blayir (m)	بليير
projetor (m)	ʿāriḍ vidiyu (m)	عارض فيديو
cinema (m) em casa	sinima manziliyya (f)	سينما منزليّة
leitor (m) de DVD	di vi di (m)	دي في دي
amplificador (m)	mukabbir aṣ ṣawt (m)	مكبّر الصوت
console (f) de jogos	ʾatāri (m)	أتاري
câmara (f) de vídeo	kamira vidiyu (f)	كاميرا فيديو
máquina (f) fotográfica	kamira (f)	كاميرا
câmara (f) digital	kamira diʒital (f)	كاميرا ديجيتال
aspirador (m)	miknasa kahrabāʾiyya (f)	مكنسة كهربائيّة
ferro (m) de engomar	makwāt (f)	مكواة
tábua (f) de engomar	lawḥat kayy (f)	لوحة كيّ
telefone (m)	hātif (m)	هاتف
telemóvel (m)	hātif maḥmūl (m)	هاتف محمول
máquina (f) de escrever	ʾāla katiba (f)	آلة كاتبة
máquina (f) de costura	ʾalat al xiyāṭa (f)	آلة الخياطة
microfone (m)	mikrufūn (m)	ميكروفون
auscultadores (m pl)	sammāʿāt raʾsiya (pl)	سمّاعات رأسيّة
controlo remoto (m)	rimuwt kuntrūl (m)	ريموت كنترول
CD (m)	si di (m)	سي دي
cassete (f)	ʃarīṭ (m)	شريط
disco (m) de vinil	usṭuwāna (f)	أسطوانة

ATIVIDADES HUMANAS

Emprego. Negócios. Parte 1

69. Escritório. O trabalho no escritório

Português	Transliteração	Árabe
escritório (~ de advogados)	maktab (m)	مكتب
escritório (do diretor, etc.)	maktab (m)	مكتب
receção (f)	istiqbāl (m)	إستقبال
secretário (m)	sikirtīr (m)	سكرتير
diretor (m)	mudīr (m)	مدير
gerente (m)	mudīr (m)	مدير
contabilista (m)	muḥāsib (m)	محاسب
empregado (m)	muwaẓẓaf (m)	موظف
mobiliário (m)	aθāθ (m)	أثاث
mesa (f)	maktab (m)	مكتب
cadeira (f)	kursiy (m)	كرسي
bloco (m) de gavetas	waḥdat adrāʒ (f)	وحدة أدراج
cabide (m) de pé	ʃammāʿa (f)	شماعة
computador (m)	kumbyūtir (m)	كمبيوتر
impressora (f)	ṭābiʿa (f)	طابعة
fax (m)	faks (m)	فاكس
fotocopiadora (f)	ʾālat nasx (f)	آلة نسخ
papel (m)	waraq (m)	ورق
artigos (m pl) de escritório	adawāt al kitāba (pl)	أدوات الكتابة
tapete (m) de rato	wisādat faʾra (f)	وسادة فأرة
folha (f) de papel	waraqa (f)	ورقة
pasta (f)	malaff (m)	ملف
catálogo (m)	fihris (m)	فهرس
diretório (f) telefónico	dalīl at tilifūn (m)	دليل التليفون
documentação (f)	waθāʾiq (pl)	وثائق
brochura (f)	naʃra (f)	نشرة
flyer (m)	manʃūr (m)	منشور
amostra (f)	namūðaʒ (m)	نموذج
formação (f)	iʒtimāʿ tadrīb (m)	إجتماع تدريب
reunião (f)	iʒtimāʿ (m)	إجتماع
hora (f) de almoço	fatrat al ɣadāʾ (f)	فترة الغذاء
fazer uma cópia	ṣawwar	صوّر
tirar cópias	ṣawwar	صوّر
receber um fax	istalam faks	إستلم فاكس
enviar um fax	arsal faks	أرسل فاكس
fazer uma chamada	ittaṣal	إتصل

responder (vt)	radd	ردّ
passar (vt)	waṣṣal	وصّل
marcar (vt)	ḥaddad	حدّد
demonstrar (vt)	'araḍ	عرض
estar ausente	ɣāb	غاب
ausência (f)	ɣiyāb (m)	غياب

70. Processos negociais. Parte 1

ocupação (f)	ʃuɣl (m)	شغل
firma, empresa (f)	ʃarika (f)	شركة
companhia (f)	ʃarika (f)	شركة
corporação (f)	mu'assasa tiʒāriyya (f)	مؤسسة تجارية
empresa (f)	ʃarika (f)	شركة
agência (f)	wikāla (f)	وكالة
acordo (documento)	ittifāqiyya (f)	إتفاقيّة
contrato (m)	'aqd (m)	عقد
acordo (transação)	ṣafqa (f)	صفقة
encomenda (f)	ṭalab (m)	طلب
cláusulas (f pl), termos (m pl)	ʃarṭ (m)	شرط
por grosso (adv)	bil ʒumla	بالجملة
por grosso (adj)	al ʒumla	الجملة
venda (f) por grosso	bay' bil ʒumla (m)	بيع بالجملة
a retalho	at taʒzi'a	التجزئة
venda (f) a retalho	bay' bit taʒzi'a (m)	بيع بالتجزئة
concorrente (m)	munāfis (m)	منافس
concorrência (f)	munāfasa (f)	منافسة
competir (vi)	nāfas	نافس
sócio (m)	ʃarīk (m)	شريك
parceria (f)	ʃirāka (f)	شراكة
crise (f)	azma (f)	أزمة
bancarrota (f)	iflās (m)	إفلاس
entrar em falência	aflas	أفلس
dificuldade (f)	ṣu'ūba (f)	صعوبة
problema (m)	muʃkila (f)	مشكلة
catástrofe (f)	kāriθa (f)	كارثة
economia (f)	iqtiṣād (m)	إقتصاد
económico	iqtiṣādiy	إقتصاديّ
recessão (f) económica	rukūd iqtiṣādiy (m)	ركود إقتصاديّ
objetivo (m)	hadaf (m)	هدف
tarefa (f)	muhimma (f)	مهمّة
comerciar (vi, vt)	tāʒir	تاجر
rede (de distribuição)	ʃabaka (f)	شبكة
estoque (m)	al maxzūn (m)	المخزون
sortimento (m)	taʃkīla (f)	تشكيلة

líder (m)	qā'id (m)	قائد
grande (~ empresa)	kabīr	كبير
monopólio (m)	iḥtikār (m)	إحتكار
teoria (f)	naẓariyya (f)	نظريّة
prática (f)	mumārasa (f)	ممارسة
experiência (falar por ~)	xibra (f)	خبرة
tendência (f)	ittiʒāh (m)	إتجاه
desenvolvimento (m)	tanmiya (f)	تنمية

71. Processos negociais. Parte 2

rentabilidade (f)	ribḥ (m)	ربح
rentável	murbiḥ	مربح
delegação (f)	wafd (m)	وفد
salário, ordenado (m)	murattab (m)	مرتّب
corrigir (um erro)	ṣaḥḥaḥ	صحّح
viagem (f) de negócios	riḥlat ʿamal (f)	رحلة عمل
comissão (f)	laʒna (f)	لجنة
controlar (vt)	taḥakkam	تحكّم
conferência (f)	muʼtamar (m)	مؤتمر
licença (f)	ruxṣa (f)	رخصة
confiável	mawθūq	موثوق
empreendimento (m)	mubādara (f)	مبادرة
norma (f)	miʿyār (m)	معيار
circunstância (f)	ẓarf (m)	ظرف
dever (m)	wāʒib (m)	واجب
empresa (f)	munaẓẓama (f)	منظّمة
organização (f)	tanẓīm (m)	تنظيم
organizado	munaẓẓam	منظّم
anulação (f)	ilɣāʼ (m)	إلغاء
anular, cancelar (vt)	alɣa	ألغى
relatório (m)	taqrīr (m)	تقرير
patente (f)	baraʼat al ixtirāʿ (f)	براءة الإختراع
patentear (vt)	saʒʒal barāʼat al ixtirāʿ	سجّل براءة الإختراع
planear (vt)	xaṭṭaṭ	خطّط
prémio (m)	ʿilāwa (f)	علاوة
profissional	mihaniy	مهني
procedimento (m)	iʒrāʼ (m)	إجراء
examinar (a questão)	baḥaθ	بحث
cálculo (m)	ḥisāb (m)	حساب
reputação (f)	sumʿa (f)	سمعة
risco (m)	muxāṭara (f)	مخاطرة
dirigir (~ uma empresa)	adār	أدار
informação (f)	maʿlūmāt (pl)	معلومات
propriedade (f)	milkiyya (f)	ملكيّة

união (f)	ittiḥād (m)	إتّحاد
seguro (m) de vida	ta'mīn 'alal ḥayāt (m)	تأمين على الحياة
fazer um seguro	amman	أمّن
seguro (m)	ta'mīn (m)	تأمين

leilão (m)	mazād (m)	مزاد
notificar (vt)	ablaɣ	أبلغ
gestão (f)	idāra (f)	إدارة
serviço (indústria de ~s)	χidma (f)	خدمة

fórum (m)	nadwa (f)	ندوة
funcionar (vi)	adda waẓīfa	أدّى وظيفته
estágio (m)	marḥala (f)	مرحلة
jurídico	qānūniy	قانونيّ
jurista (m)	muḥāmi (m)	محام

72. Produção. Trabalhos

usina (f)	maṣnaʿ (m)	مصنع
fábrica (f)	maṣnaʿ (m)	مصنع
oficina (f)	warʃa (f)	ورشة
local (m) de produção	maṣnaʿ (m)	مصنع

indústria (f)	ṣināʿa (f)	صناعة
industrial	ṣināʿiy	صناعيّ
indústria (f) pesada	ṣināʿa θaqīla (f)	صناعة ثقيلة
indústria (f) ligeira	ṣināʿa χafīfa (f)	صناعة خفيفة

produção (f)	muntaʒāt (pl)	منتجات
produzir (vt)	antaʒ	أنتج
matérias-primas (f pl)	mawādd χām (pl)	موادّ خام

chefe (m) de brigada	raʾīs al ʿummāl (m)	رئيس العمّال
brigada (f)	farīq al ʿummāl (m)	فريق العمّال
operário (m)	ʿāmil (m)	عامل

dia (m) de trabalho	yawm ʿamal (m)	يوم عمل
pausa (f)	rāḥa (f)	راحة
reunião (f)	iʒtimāʿ (m)	إجتماع
discutir (vt)	nāqaʃ	ناقش

plano (m)	χiṭṭa (f)	خطّة
cumprir o plano	naffað al χuṭṭa	نفّذ الخطّة
taxa (f) de produção	muʿaddal al intāʒ (m)	معدّل الإنتاج
qualidade (f)	ʒawda (f)	جودة
controlo (m)	taftīʃ (m)	تفتيش
controlo (m) da qualidade	ḍabṭ al ʒawda (m)	ضبط الجودة

segurança (f) no trabalho	salāmat makān al ʿamal (f)	سلامة مكان العمل
disciplina (f)	inḍibāṭ (m)	إنضباط
infração (f)	muχālafa (f)	مخالفة
violar (as regras)	χālaf	خالف
greve (f)	iḍrāb (m)	إضراب
grevista (m)	muḍrib (m)	مضرب

estar em greve	aḍrab	أضرب
sindicato (m)	ittiḥād al 'ummāl (m)	إتّحاد العمّال
inventar (vt)	ixtara'	إخترع
invenção (f)	ixtirā' (m)	إختراع
pesquisa (f)	baḥθ (m)	بحث
melhorar (vt)	ḥassan	حسّن
tecnologia (f)	tiknulūʒiya (f)	تكنولوجيا
desenho (m) técnico	rasm taqniy (m)	رسم تقني
carga (f)	ʃaḥn (m)	شحن
carregador (m)	ḥammāl (m)	حمّال
carregar (vt)	ʃaḥan	شحن
carregamento (m)	taḥmīl (m)	تحميل
descarregar (vt)	afraɣ	أفرغ
descarga (f)	ifrāɣ (m)	إفراغ
transporte (m)	wasā'il an naql (pl)	وسائل النقل
companhia (f) de transporte	ʃarikat naql (f)	شركة نقل
transportar (vt)	naqal	نقل
vagão (m) de carga	'arabat ʃaḥn (f)	عربة شحن
cisterna (f)	xazzān (m)	خزّان
camião (m)	ʃāḥina (f)	شاحنة
máquina-ferramenta (f)	mākina (f)	ماكنة
mecanismo (m)	'āliyya (f)	آليّة
resíduos (m pl) industriais	muxallafāt ṣinā'iyya (pl)	مخلّفات صناعية
embalagem (f)	ta'bi'a (f)	تعبئة
embalar (vt)	'abba'	عبّأ

73. Contrato. Acordo

contrato (m)	'aqd (m)	عقد
acordo (m)	ittifāq (m)	إتّفاق
adenda (f), anexo (m)	mulḥaq (m)	ملحق
assinar o contrato	waqqa' 'ala 'aqd	وقّع على عقد
assinatura (f)	tawqī' (m)	توقيع
assinar (vt)	waqqa'	وقّع
carimbo (m)	xatm (m)	ختم
objeto (m) do contrato	mawḍū' al 'aqd (m)	موضوع العقد
cláusula (f)	band (m)	بند
partes (f pl)	aṭrāf (pl)	أطراف
morada (f) jurídica	'unwān qānūniy (m)	عنوان قانوني
violar o contrato	xālaf al 'aqd	خالف العقد
obrigação (f)	iltizām (m)	إلتزام
responsabilidade (f)	mas'ūliyya (f)	مسؤوليّة
força (f) maior	quwwa qāhira (f)	قوّة قاهرة
litígio (m), disputa (f)	xilāf (m)	خلاف
multas (f pl)	'uqūbāt (pl)	عقوبات

74. Importação & Exportação

importação (f)	istīrād (m)	إستيراد
importador (m)	mustawrid (m)	مستورد
importar (vt)	istawrad	إستورد
de importação	wārid	وارد
exportação (f)	taṣdīr (m)	تصدير
exportador (m)	muṣaddir (m)	مصدّر
exportar (vt)	ṣaddar	صدّر
de exportação	ṣādir	صادر
mercadoria (f)	baḍā'i' (pl)	بضائع
lote (de mercadorias)	ʃaḥna (f)	شحنة
peso (m)	wazn (m)	وزن
volume (m)	ḥaʒm (m)	حجم
metro (m) cúbico	mitr muka''ab (m)	متر مكعّب
produtor (m)	aʃ ʃarika al muṣni'a (f)	الشركة المصنعة
companhia (f) de transporte	ʃarikat naql (f)	شركة نقل
contentor (m)	ḥāwiya (f)	حاوية
fronteira (f)	ḥadd (m)	حدّ
alfândega (f)	ʒamārik (pl)	جمارك
taxa (f) alfandegária	rasm ʒumrukiy (m)	رسم جمركيّ
funcionário (m) da alfândega	muwazzaf al ʒamārik (m)	موظّف الجمارك
contrabando (atividade)	tahrīb (m)	تهريب
contrabando (produtos)	biḍā'a muharraba (pl)	بضاعة مهرّبة

75. Finanças

ação (f)	sahm (m)	سهم
obrigação (f)	sanad (m)	سند
nota (f) promissória	kimbyāla (f)	كمبيالة
bolsa (f)	būrṣa (f)	بورصة
cotação (m) das ações	si'r as sahm (m)	سعر السهم
tornar-se mais barato	raxuṣ	رخص
tornar-se mais caro	ɣala	غلى
parte (f)	naṣīb (m)	نصيب
participação (f) maioritária	al maʒmū'a al musayṭara (f)	المجموعة المسيطرة
investimento (m)	istiθmār (pl)	إستثمار
investir (vt)	istaθmar	إستثمر
percentagem (f)	bil mi'a (m)	بالمئة
juros (m pl)	fa'ida (f)	فائدة
lucro (m)	ribḥ (m)	ربح
lucrativo	murbiḥ	مربح
imposto (m)	ḍarība (f)	ضريبة
divisa (f)	'umla (f)	عملة

nacional	waṭaniy	وطنيّ
câmbio (m)	taḥwīl (m)	تحويل
contabilista (m)	muḥāsib (m)	محاسب
contabilidade (f)	maḥasaba (f)	محاسبة
bancarrota (f)	iflās (m)	إفلاس
falência (f)	inhiyār (m)	إنهيار
ruína (f)	iflās (m)	إفلاس
arruinar-se (vr)	aflas	أفلس
inflação (f)	tadaxxum māliy (m)	تضخّم ماليّ
desvalorização (f)	taxfīḍ qīmat ʿumla (m)	تخفيض قيمة عملة
capital (m)	raʾs māl (m)	رأس مال
rendimento (m)	daxl (m)	دخل
volume (m) de negócios	dawrat raʾs al māl (f)	دورة رأس المال
recursos (m pl)	mawārid (pl)	موارد
recursos (m pl) financeiros	al mawārid an naqdiyya (pl)	الموارد النقديّة
despesas (f pl) gerais	nafaqāt ʿāmma (pl)	نفقات عامّة
reduzir (vt)	xaffaḍ	خفّض

76. Marketing

marketing (m)	taswīq (m)	تسويق
mercado (m)	sūq (f)	سوق
segmento (m) do mercado	qaṭāʿ as sūq (m)	قطاع السوق
produto (m)	muntaʒ (m)	منتج
mercadoria (f)	baḍāʾiʿ (pl)	بضائع
marca (f)	mārka (f)	ماركة
marca (f) comercial	mārka tiʒāriyya (f)	ماركة تجاريّة
logotipo (m)	ʃiʿār (m)	شعار
logo (m)	ʃiʿār (m)	شعار
demanda (f)	ṭalab (m)	طلب
oferta (f)	maxzūn (m)	مخزون
necessidade (f)	ḥāʒa (f)	حاجة
consumidor (m)	mustahlik (m)	مستهلك
análise (f)	taḥlīl (m)	تحليل
analisar (vt)	ḥallal	حلّل
posicionamento (m)	waḍʿ (m)	وضع
posicionar (vt)	waḍaʿ	وضع
preço (m)	siʿr (m)	سعر
política (f) de preços	siyāsat al asʿār (f)	سياسة الأسعار
formação (f) de preços	taʃkīl al asʿār (m)	تشكيل الأسعار

77. Publicidade

publicidade (f)	iʿlān (m)	إعلان
publicitar (vt)	aʿlan	أعلن

orçamento (m)	mīzāniyya (f)	ميزانيّة
anúncio (m) publicitário	i'lān (m)	إعلان
publicidade (f) televisiva	i'lān fit tiliviziyūn (m)	إعلان في التليفزيون
publicidade (f) na rádio	i'lān fir rādiyu (m)	إعلان في الراديو
publicidade (f) exterior	i'lān ẓāhiriy (m)	إعلان ظاهري
comunicação (f) de massa	wasā'il al i'lām (pl)	وسائل الإعلام
periódico (m)	ṣaḥifa dawriyya (f)	صحيفة دوريّة
imagem (f)	imiʒ (m)	إيميج
slogan (m)	ʃi'ār (m)	شعار
mote (m), divisa (f)	ʃi'ār (m)	شعار
campanha (f)	ḥamla (f)	حملة
companha (f) publicitária	ḥamla i'lāniyya (f)	حملة إعلانيّة
grupo (m) alvo	maʒmū'a mustahdafa (f)	مجموعة مستهدفة
cartão (m) de visita	biṭāqat al 'amal (f)	بطاقة العمل
flyer (m)	manʃūr (m)	منشور
brochura (f)	naʃra (f)	نشرة
folheto (m)	kutayyib (m)	كتيّب
boletim (~ informativo)	naʃra ixbāriyya (f)	نشرة إخبارية
letreiro (m)	lāfita (f)	لافتة
cartaz, póster (m)	mulṣaq i'lāniy (m)	ملصق إعلاني
painel (m) publicitário	lawḥat i'lānāt (f)	لوحة إعلانات

78. Banca

banco (m)	bank (m)	بنك
sucursal, balcão (f)	far' (m)	فرع
consultor (m)	muwaẓẓaf bank (m)	موظف بنك
gerente (m)	mudīr (m)	مدير
conta (f)	ḥisāb (m)	حساب
número (m) da conta	raqm al ḥisāb (m)	رقم الحساب
conta (f) corrente	ḥisāb ʒāri (m)	حساب جار
conta (f) poupança	ḥisāb tawfīr (m)	حساب توفير
abrir uma conta	fataḥ ḥisāb	فتح حسابا
fechar uma conta	aɣlaq ḥisāb	أغلق حسابا
depositar na conta	awda' fil ḥisāb	أودع في الحساب
levantar (vt)	saḥab min al ḥisāb	سحب من الحساب
depósito (m)	wadī'a (f)	وديعة
fazer um depósito	awda'	أودع
transferência (f) bancária	ḥawāla (f)	حوالة
transferir (vt)	ḥawwal	حوّل
soma (f)	mablaɣ (m)	مبلغ
Quanto?	kam?	كم؟
assinatura (f)	tawqī' (m)	توقيع
assinar (vt)	waqqa'	وقّع

cartão (m) de crédito	biṭāqat i'timān (f)	بطاقة ائتمان
código (m)	kūd (m)	كود
número (m) do cartão de crédito	raqm biṭāqat i'timān (m)	رقم بطاقة إئتمان
Caixa Multibanco (m)	ṣarrāf 'āliy (m)	صرّاف آليّ
cheque (m)	ʃīk (m)	شيك
passar um cheque	katab ʃīk	كتب شيكًا
livro (m) de cheques	daftar ʃīkāt (m)	دفتر شيكات
empréstimo (m)	qarḍ (m)	قرض
pedir um empréstimo	qaddam ṭalab lil ḥuṣūl 'ala qarḍ	قدّم طلبا للحصول على قرض
obter um empréstimo	ḥaṣal 'ala qarḍ	حصل على قرض
conceder um empréstimo	qaddam qarḍ	قدمّ قرضا
garantia (f)	ḍamān (m)	ضمان

79. Telefone. Conversação telefónica

telefone (m)	hātif (m)	هاتف
telemóvel (m)	hātif maḥmūl (m)	هاتف محمول
secretária (f) electrónica	muʒīb al hātif (m)	مجيب الهاتف
fazer uma chamada	ittaṣal	إتّصل
chamada (f)	mukālama tilifuniyya (f)	مكالمة تليفونية
marcar um número	ittaṣal bi raqm	إتّصل برقم
Alô!	alu!	ألو!
perguntar (vt)	sa'al	سأل
responder (vt)	radd	ردَ
ouvir (vt)	sami'	سمع
bem	ʒayyidan	جيّدًا
mal	sayyi'an	سيّئًا
ruído (m)	taʃwīʃ (m)	تشويش
auscultador (m)	sammā'a (f)	سمّاعة
pegar o telefone	rafa' as sammā'a	رفع السمّاعة
desligar (vi)	qafal as sammā'a	قفل السمّاعة
ocupado	maʃɣūl	مشغول
tocar (vi)	rann	رنّ
lista (f) telefónica	dalīl at tilifūn (m)	دليل التليفون
local	maḥalliyya	محلّيّة
chamada (f) local	mukālama hātifiyya maḥalliyya (f)	مكالمة هاتفيّة محلّيّة
de longa distância	ba'īd al mada	بعيد المدى
chamada (f) de longa distância	mukālama ba'īdat al mada (f)	مكالمة بعيدة المدى
internacional	duwaliy	دوليّ
chamada (f) internacional	mukālama duwaliyya (f)	مكالمة دوليّة

80. Telefone móvel

telemóvel (m)	hātif maḥmūl (m)	هاتف محمول
ecrã (m)	ȝihāz 'arḍ (m)	جهاز عرض
botão (m)	zirr (m)	زر
cartão SIM (m)	sim kart (m)	سيم كارت
bateria (f)	baṭṭāriyya (f)	بطّارية
descarregar-se	xalaṣat	خلصت
carregador (m)	ʃāḥin (m)	شاحن
menu (m)	qā'ima (f)	قائمة
definições (f pl)	awḍā' (pl)	أوضاع
melodia (f)	nayma (f)	نغمة
escolher (vt)	ixtār	إختار
calculadora (f)	'āla ḥāsiba (f)	آلة حاسبة
correio (m) de voz	barīd ṣawtiy (m)	بريد صوتيّ
despertador (m)	munabbih (m)	منبّه
contatos (m pl)	ȝihāt al ittiṣāl (pl)	جهات الإتّصال
mensagem (f) de texto	risāla qaṣīra ɛsɛmɛs (f)	sms رسالة قصيرة
assinante (m)	muʃtarik (m)	مشترك

81. Estacionário

caneta (f)	qalam ȝāf (m)	قلم جاف
caneta (f) tinteiro	qalam rīʃa (m)	قلم ريشة
lápis (m)	qalam ruṣāṣ (m)	قلم رصاص
marcador (m)	markir (m)	ماركر
caneta (f) de feltro	qalam xaṭṭāṭ (m)	قلم خطّاط
bloco (m) de notas	muðakkira (f)	مذكّرة
agenda (f)	ȝadwal al a'māl (m)	جدول الأعمال
régua (f)	masṭara (f)	مسطرة
calculadora (f)	'āla ḥāsiba (f)	آلة حاسبة
borracha (f)	astīka (f)	استيكة
pionés (m)	dabbūs (m)	دبّوس
clipe (m)	dabbūs waraq (m)	دبّوس ورق
cola (f)	ṣamy (m)	صمغ
agrafador (m)	dabbāsa (f)	دبّاسة
furador (m)	xarrāma (f)	خرّامة
afia-lápis (m)	mibrāt (f)	مبراة

82. Tipos de negócios

serviços (m pl) de contabilidade	xidamāt muḥasaba (pl)	خدمات محاسبة
publicidade (f)	i'lān (m)	إعلان

Português	Transliteração	Árabe
agência (f) de publicidade	wikālat i'lān (f)	وكالة إعلان
ar (m) condicionado	takyīf (m)	تكييف
companhia (f) aérea	ʃarikat ṭayarān (f)	شركة طيران
bebidas (f pl) alcoólicas	maʃrūbāt kuḥūliyya (pl)	مشروبات كحوليّة
comércio (m) de antiguidades	tuḥaf (pl)	تحف
galeria (f) de arte	ma'raḍ fanniy (m)	معرض فنّيّ
serviços (m pl) de auditoria	tadqīq al ḥisābāt (pl)	تدقيق الحسابات
negócios (m pl) bancários	al qiṭāʿ al maṣrafiy (m)	القطاع المصرفي
bar (m)	bār (m)	بار
salão (m) de beleza	ṣālūn taʒmīl (m)	صالون تجميل
livraria (f)	maḥall kutub (m)	محلّ كتب
cervejaria (f)	maṣnaʿ bīra (m)	مصنع بيرة
centro (m) de escritórios	markaz tiʒāriy (m)	مركز تجاريّ
escola (f) de negócios	kulliyyat idārat al aʿmāl (f)	كلّيّة إدارة الأعمال
casino (m)	kazinu (m)	كازينو
construção (f)	bināʾ (m)	بناء
serviços (m pl) de consultoria	istiʃāra (f)	إستشارة
estomatologia (f)	ʿiyādat asnān (f)	عيادة أسنان
design (m)	taṣmīm (m)	تصميم
farmácia (f)	ṣaydaliyya (f)	صيدليّة
lavandaria (f)	tanẓīf ʒāff (m)	تنظيف جافّ
agência (f) de emprego	wikālat tawẓīf (f)	وكالة توظيف
serviços (m pl) financeiros	xidamāt māliyya (pl)	خدمات ماليّة
alimentos (m pl)	mawādd yiðāʾiyya (pl)	موادّ غذائيّة
agência (f) funerária	bayt al ʒanāzāt (m)	بيت الجنازات
mobiliário (m)	aθāθ (m)	أثاث
roupa (f)	malābis (pl)	ملابس
hotel (m)	funduq (m)	فندق
gelado (m)	muθallaʒāt (pl)	مثلّجات
indústria (f)	ṣināʿa (f)	صناعة
seguro (m)	taʾmīn (m)	تأمين
internet (f)	intirnit (f)	إنترنت
investimento (m)	istiθmārāt (pl)	إستثمارات
joalheiro (m)	ṣāʾiɣ (m)	صائغ
joias (f pl)	muʒawharāt (pl)	مجوهرات
lavandaria (f)	maɣsala (f)	مغسلة
serviços (m pl) jurídicos	xidamāt qānūniyya (pl)	خدمات قانونيّة
indústria (f) ligeira	ṣināʿa xafīfa (f)	صناعة خفيفة
revista (f)	maʒalla (f)	مجلّة
vendas (f pl) por catálogo	bayʿ bil barīd (m)	بيع بالبريد
medicina (f)	ṭibb (f)	طبّ
cinema (m)	sinima (f)	سينما
museu (m)	matḥaf (m)	متحف
agência (f) de notícias	wikālat anbāʾ (f)	وكالة أنباء
jornal (m)	ʒarīda (f)	جريدة
clube (m) noturno	malha layliy (m)	ملهى ليليّ
petróleo (m)	nafṭ (m)	نفط

serviço (m) de encomendas	xidamāt aʃ ʃaḥn (pl)	خدمات الشحن
indústria (f) farmacêutica	ṣaydala (f)	صيدلة
poligrafia (f)	ṭibā'a (f)	طباعة
editora (f)	dār aṭ ṭibā'a wan naʃr (f)	دار الطباعة والنشر
rádio (m)	iðā'a (f)	إذاعة
imobiliário (m)	'iqārāt (pl)	عقارات
restaurante (m)	mat'am (m)	مطعم
empresa (f) de segurança	ʃarikat amn (f)	شركة أمن
desporto (m)	riyāḍa (f)	رياضة
bolsa (f)	būrṣa (f)	بورصة
loja (f)	maḥall (m)	محلّ
supermercado (m)	subirmarkit (m)	سوبرماركت
piscina (f)	masbaḥ (m)	مسبح
alfaiataria (f)	ṣālūn (m)	صالون
televisão (f)	tilivizyūn (m)	تليفزيون
teatro (m)	masraḥ (m)	مسرح
comércio (atividade)	tiʒāra (f)	تجارة
serviços (m pl) de transporte	wasā'il an naql (pl)	وسائل النقل
viagens (f pl)	siyāḥa (f)	سياحة
veterinário (m)	ṭabīb bayṭariy (m)	طبيب بيطريّ
armazém (m)	mustawda' (m)	مستودع
recolha (f) do lixo	ʒam' an nufāyāt (m)	جمع النفايات

Emprego. Negócios. Parte 2

83. Espetáculo. Feira

feira (f)	maʻraḍ (m)	معرض
feira (f) comercial	maʻraḍ tiʒāriy (m)	معرض تجاريّ
participação (f)	iʃtirāk (m)	إشتراك
participar (vi)	iʃtarak	إشترك
participante (m)	muʃtarik (m)	مشترك
diretor (m)	mudīr (m)	مدير
direção (f)	maktab al munaẓẓimīn (m)	مكتب المنظّمين
organizador (m)	munaẓẓim (m)	منظّم
organizar (vt)	naẓẓam	نظّم
ficha (f) de inscrição	istimārat al iʃtirāk (f)	إستمارة الإشتراك
preencher (vt)	malaʼ	ملأ
detalhes (m pl)	tafāṣīl (pl)	تفاصيل
informação (f)	istiʻlāmāt (pl)	إستعلامات
preço (m)	siʻr (m)	سعر
incluindo	bima fīh	بما فيه
incluir (vt)	taḍamman	تضمّن
pagar (vt)	dafaʻ	دفع
taxa (f) de inscrição	rusūm at tasʒīl (pl)	رسوم التسجيل
entrada (f)	madχal (m)	مدخل
pavilhão (m)	ʒanāḥ (m)	جناح
inscrever (vt)	saʒʒal	سجّل
crachá (m)	ʃāra (f)	شارة
stand (m)	kuʃk (m)	كشك
reservar (vt)	ḥaʒaz	حجز
vitrina (f)	vatrīna (f)	فترينة
foco, spot (m)	miṣbāḥ (m)	مصباح
design (m)	taṣmīm (m)	تصميم
pôr, colocar (vt)	waḍaʻ	وضع
distribuidor (m)	muwazziʻ (m)	موزِّع
fornecedor (m)	muwarrid (m)	مورِّد
país (m)	balad (m)	بلد
estrangeiro	aʒnabiy	أجنبيّ
produto (m)	muntaʒ (m)	منتج
associação (f)	ʒamʻiyya (f)	جمعيّة
sala (f) de conferências	qāʻat al muʼtamarāt (f)	قاعة المؤتمرات
congresso (m)	muʼtamar (m)	مؤتمر

concurso (m)	musābaqa (f)	مسابقة
visitante (m)	zā'ir (m)	زائر
visitar (vt)	ḥaḍar	حضر
cliente (m)	zubūn (m)	زبون

84. Ciência. Investigação. Cientistas

ciência (f)	'ilm (m)	علم
científico	'ilmiy	علمي
cientista (m)	'ālim (m)	عالم
teoria (f)	naẓariyya (f)	نظرية
axioma (m)	badīhiyya (f)	بديهية
análise (f)	taḥlīl (m)	تحليل
analisar (vt)	ḥallal	حلّل
argumento (m)	burhān (m)	برهان
substância (f)	mādda (f)	مادة
hipótese (f)	farḍiyya (f)	فرضية
dilema (m)	mu'ḍila (f)	معضلة
tese (f)	risāla 'ilmiyya (f)	رسالة علمية
dogma (m)	'aqīda (f)	عقيدة
doutrina (f)	maðhab (m)	مذهب
pesquisa (f)	baḥθ (m)	بحث
pesquisar (vt)	baḥaθ	بحث
teste (m)	iχtibārāt (pl)	إختبارات
laboratório (m)	muχtabar (m)	مختبر
método (m)	manhaʒ (m)	منهج
molécula (f)	ʒuzayi' (m)	جزيء
monitoramento (m)	riqāba (f)	رقابة
descoberta (f)	iktiʃāf (m)	إكتشاف
postulado (m)	musallama (f)	مسلمة
princípio (m)	mabda' (m)	مبدأ
prognóstico (previsão)	tanabbu' (m)	تنبؤ
prognosticar (vt)	tanabba'	تنبأ
síntese (f)	tarkīb (m)	تركيب
tendência (f)	ittiʒāh (m)	إتجاه
teorema (m)	naẓariyya (f)	نظرية
ensinamentos (m pl)	ta'ālīm (pl)	تعاليم
facto (m)	ḥaqīqa (f)	حقيقة
expedição (f)	ba'θa (f)	بعثة
experiência (f)	taʒriba (f)	تجربة
académico (m)	akadīmiy (m)	أكاديمي
bacharel (m)	bakalūriyūs (m)	بكالوريوس
doutor (m)	duktūr (m)	دكتور
docente (m)	ustāð muʃārik (m)	أستاذ مشارك
mestre (m)	maʒistīr (m)	ماجستير
professor (m) catedrático	brufissūr (m)	بروفيسور

Profissões e ocupações

85. Procura de emprego. Demissão

trabalho (m)	'amal (m)	عمل
equipa (f)	kawādir (pl)	كوادر
pessoal (m)	ṭāqim al 'āmilīn (m)	طاقم العاملين
carreira (f)	masār mihniy (m)	مسار مهنيّ
perspetivas (f pl)	'āfāq (pl)	آفاق
mestria (f)	mahārāt (pl)	مهارات
seleção (f)	iχtiyār (m)	إختيار
agência (f) de emprego	wikālat tawzīf (f)	وكالة توظيف
CV, currículo (m)	sīra ðātiyya (f)	سيرة ذاتيّة
entrevista (f) de emprego	mu'ābalat 'amal (f)	مقابلة عمل
vaga (f)	waẓīfa χāliya (f)	وظيفة خالية
salário (m)	murattab (m)	مرتَّب
salário (m) fixo	rātib θābit (m)	راتب ثابت
pagamento (m)	uʒra (f)	أجرة
posto (m)	manṣib (m)	منصب
dever (do empregado)	wāʒib (m)	واجب
gama (f) de deveres	maʒmū'a min al wāʒibāt (f)	مجموعة من الواجبات
ocupado	maʃɣūl	مشغول
despedir, demitir (vt)	aqāl	أقال
demissão (f)	iqāla (m)	إقالة
desemprego (m)	biṭāla (f)	بطالة
desempregado (m)	'āṭil (m)	عاطل
reforma (f)	ma'āʃ (m)	معاش
reformar-se	uḥīl 'alal ma'āʃ	أحيل على المعاش

86. Gente de negócios

diretor (m)	mudīr (m)	مدير
gerente (m)	mudīr (m)	مدير
patrão, chefe (m)	mudīr (m), ra'īs (m)	مدير, رئيس
superior (m)	ra'īs (m)	رئيس
superiores (m pl)	ru'asā' (pl)	رؤساء
presidente (m)	ra'īs (m)	رئيس
presidente (m) de direção	ra'īs (m)	رئيس
substituto (m)	nā'ib (m)	نائب
assistente (m)	musā'id (m)	مساعد

secretário (m)	sikirtīr (m)	سكرتير
secretário (m) pessoal	sikritīr χāṣṣ (m)	سكرتير خاصّ
homem (m) de negócios	raʒul aʻmāl (m)	رجل أعمال
empresário (m)	rāʼid aʻmāl (m)	رائد أعمال
fundador (m)	muʼassis (m)	مؤسّس
fundar (vt)	assas	أسّس
fundador, sócio (m)	muʼassis (m)	مؤسّس
parceiro, sócio (m)	ʃarīk (m)	شريك
acionista (m)	musāhim (m)	مساهم
milionário (m)	milyunīr (m)	مليونير
bilionário (m)	milyardīr (m)	ملياردير
proprietário (m)	ṣāḥib (m)	صاحب
proprietário (m) de terras	ṣāḥib al arḍ (m)	صاحب الأرض
cliente (m)	ʻamīl (m)	عميل
cliente (m) habitual	ʻamīl dāʼim (m)	عميل دائم
comprador (m)	muʃtari (m)	مشتر
visitante (m)	zāʼir (m)	زائر
profissional (m)	muḥtarif (m)	محترف
perito (m)	χabīr (m)	خبير
especialista (m)	mutaχaṣṣiṣ (m)	متخصّص
banqueiro (m)	ṣāḥib maṣraf (m)	صاحب مصرف
corretor (m)	simsār (m)	سمسار
caixa (m, f)	ṣarrāf (m)	صرّاف
contabilista (m)	muḥāsib (m)	محاسب
guarda (m)	ḥāris amn (m)	حارس أمن
investidor (m)	mustaθmir (m)	مستثمر
devedor (m)	mudīn (m)	مدين
credor (m)	dāʼin (m)	دائن
mutuário (m)	muqtariḍ (m)	مقترض
importador (m)	mustawrid (m)	مستورد
exportador (m)	muṣaddir (m)	مصدّر
produtor (m)	aʃ ʃarika al muṣniʻa (f)	الشركة المصنعة
distribuidor (m)	muwazziʻ (m)	موزّع
intermediário (m)	wasīṭ (m)	وسيط
consultor (m)	mustaʃār (m)	مستشار
representante (m)	mandūb mabiʼāt (m)	مندوب مبيعات
agente (m)	wakīl (m)	وكيل
agente (m) de seguros	wakīl at taʼmīn (m)	وكيل التأمين

87. Profissões de serviços

cozinheiro (m)	ṭabbāχ (m)	طبّاخ
cozinheiro chefe (m)	ʃāf (m)	شاف

padeiro (m)	χabbāz (m)	خبّاز
barman (m)	bārman (m)	بارمان
empregado (m) de mesa	nādil (m)	نادل
empregada (f) de mesa	nādila (f)	نادلة
advogado (m)	muḥāmi (m)	محام
jurista (m)	muḥāmi (m)	محام
notário (m)	muwaθθaq (m)	موثّق
eletricista (m)	kahrabā'iy (m)	كهربائيّ
canalizador (m)	sabbāk (m)	سبّاك
carpinteiro (m)	naʒʒār (m)	نجّار
massagista (m)	mudallik (m)	مدلّك
massagista (f)	mudallika (f)	مدلّكة
médico (m)	ṭabīb (m)	طبيب
taxista (m)	sā'iq taksi (m)	سائق تاكسي
condutor (automobilista)	sā'iq (m)	سائق
entregador (m)	sā'i (m)	ساع
camareira (f)	'āmilat tanẓīf ɣuraf (f)	عاملة تنظيف غرف
guarda (m)	ḥāris amn (m)	حارس أمن
hospedeira (f) de bordo	muḍīfat ṭayarān (f)	مضيفة طيران
professor (m)	mudarris madrasa (m)	مدرّس مدرسة
bibliotecário (m)	amīn maktaba (m)	أمين مكتبة
tradutor (m)	mutarʒim (m)	مترجم
intérprete (m)	mutarʒim fawriy (m)	مترجم فوريّ
guia (pessoa)	murʃid (m)	مرشد
cabeleireiro (m)	ḥallāq (m)	حلّاق
carteiro (m)	sā'i al barīd (m)	ساعي البريد
vendedor (m)	bā'i' (m)	بائع
jardineiro (m)	bustāniy (m)	بستانيّ
criado (m)	χādim (m)	خادم
criada (f)	χādima (f)	خادمة
empregada (f) de limpeza	'āmilat tanẓīf (f)	عاملة تنظيف

88. Profissões militares e postos

soldado (m) raso	ʒundiy (m)	جنديّ
sargento (m)	raqīb (m)	رقيب
tenente (m)	mulāzim (m)	ملازم
capitão (m)	naqīb (m)	نقيب
major (m)	rā'id (m)	رائد
coronel (m)	'aqīd (m)	عقيد
general (m)	ʒinirāl (m)	جنرال
marechal (m)	mārʃāl (m)	مارشال
almirante (m)	amirāl (m)	أميرال
militar (m)	'askariy (m)	عسكريّ
soldado (m)	ʒundiy (m)	جنديّ

oficial (m)	ḍābiṭ (m)	ضابط
comandante (m)	qā'id (m)	قائد

guarda (m) fronteiriço	ḥāris ḥudūd (m)	حارس حدود
operador (m) de rádio	'āmil lāsilkiy (m)	عامل لاسلكيّ
explorador (m)	mustakʃif (m)	مستكشف
sapador (m)	muhandis 'askariy (m)	مهندس عسكريّ
atirador (m)	rāmi (m)	رام
navegador (m)	mallāḥ (m)	ملّاح

89. Oficiais. Padres

rei (m)	malik (m)	ملك
rainha (f)	malika (f)	ملكة

príncipe (m)	amīr (m)	أمير
princesa (f)	amīra (f)	أميرة

czar (m)	qayṣar (m)	قيصر
czarina (f)	qayṣara (f)	قيصرة

presidente (m)	ra'īs (m)	رئيس
ministro (m)	wazīr (m)	وزير
primeiro-ministro (m)	ra'īs wuzarā' (m)	رئيس وزراء
senador (m)	'uḍw maʒlis aʃ ʃuyūχ (m)	عضو مجلس الشيوخ

diplomata (m)	diblumāsiy (m)	دبلوماسيّ
cônsul (m)	qunṣul (m)	قنصل
embaixador (m)	safīr (m)	سفير
conselheiro (m)	mustaʃār (m)	مستشار

funcionário (m)	muwaẓẓaf (m)	موظّف
prefeito (m)	ra'īs idārat al ḥayy (m)	رئيس إدارة الحيّ
Presidente (m) da Câmara	ra'īs al baladiyya (m)	رئيس البلديّة

juiz (m)	qāḍi (m)	قاض
procurador (m)	mudda'i (m)	مدعٍ

missionário (m)	mubaʃʃir (m)	مبشّر
monge (m)	rāhib (m)	راهب
abade (m)	ra'īs ad dayr (m)	رئيس الدير
rabino (m)	ḥāχām (m)	حاخام

vizir (m)	wazīr (m)	وزير
xá (m)	ʃāh (m)	شاه
xeque (m)	ʃɛyχ (m)	شيخ

90. Profissões agrícolas

apicultor (m)	naḥḥāl (m)	نحّال
pastor (m)	rā'i (m)	راع
agrónomo (m)	muhandis zirā'iy (m)	مهندس زراعيّ

criador (m) de gado	murabbi al mawāʃi (m)	مربّي المواشي
veterinário (m)	ṭabīb bayṭariy (m)	طبيب بيطريّ
agricultor (m)	muzāriʿ (m)	مزارع
vinicultor (m)	ṣāniʿ an nabīð (m)	صانع النبيذ
zoólogo (m)	xabīr fi ʿilm al ḥayawān (m)	خبير في علم الحيوان
cowboy (m)	rāʿi al baqar (m)	راعي البقر

91. Profissões artísticas

ator (m)	mumaθθil (m)	ممثّل
atriz (f)	mumaθθila (f)	ممثّلة
cantor (m)	muɣanni (m)	مغنّ
cantora (f)	muɣanniya (f)	مغنّية
bailarino (m)	rāqiṣ (m)	راقص
bailarina (f)	rāqiṣa (f)	راقصة
artista (m)	fannān (m)	فنّان
artista (f)	fannāna (f)	فنّانة
músico (m)	ʿāzif (m)	عازف
pianista (m)	ʿāzif biyānu (m)	عازف بيانو
guitarrista (m)	ʿāzif gitār (m)	عازف جيتار
maestro (m)	qāʾid urkistra (m)	قائد أركسترا
compositor (m)	mulaḥḥin (m)	ملحّن
empresário (m)	mudīr firqa (m)	مدير فرقة
realizador (m)	muxriʒ (m)	مخرج
produtor (m)	muntiʒ (m)	منتج
argumentista (m)	kātib sināriyu (m)	كاتب سيناريو
crítico (m)	nāqid (m)	ناقد
escritor (m)	kātib (m)	كاتب
poeta (m)	ʃāʿir (m)	شاعر
escultor (m)	naḥḥāt (m)	نحّات
pintor (m)	rassām (m)	رسّام
malabarista (m)	bahlawān (m)	بهلوان
palhaço (m)	muharriʒ (m)	مهرّج
acrobata (m)	bahlawān (m)	بهلوان
mágico (m)	sāḥir (m)	ساحر

92. Várias profissões

médico (m)	ṭabīb (m)	طبيب
enfermeira (f)	mumarriḍa (f)	ممرّضة
psiquiatra (m)	ṭabīb nafsiy (m)	طبيب نفسيّ
estomatologista (m)	ṭabīb al asnān (m)	طبيب الأسنان
cirurgião (m)	ʒarrāḥ (m)	جرّاح

astronauta (m)	rā'id faḍā' (m)	رائد فضاء
astrónomo (m)	ʿālim falak (m)	عالم فلك
piloto (m)	ṭayyār (m)	طيّار
motorista (m)	sā'iq (m)	سائق
maquinista (m)	sā'iq (m)	سائق
mecânico (m)	mikanīkiy (m)	ميكانيكيّ
mineiro (m)	ʿāmil manʒam (m)	عامل منجم
operário (m)	ʿāmil (m)	عامل
serralheiro (m)	qaffāl (m)	قفّال
marceneiro (m)	naʒʒār (m)	نجّار
torneiro (m)	xarrāṭ (m)	خرّاط
construtor (m)	ʿāmil bināʾ (m)	عامل بناء
soldador (m)	laḥḥām (m)	لحّام
professor (m) catedrático	brufissūr (m)	بروفيسور
arquiteto (m)	muhandis miʿmāriy (m)	مهندس معماريّ
historiador (m)	muʾarrix (m)	مؤرّخ
cientista (m)	ʿālim (m)	عالم
físico (m)	fizyā'iy (m)	فيزيائيّ
químico (m)	kimyā'iy (m)	كيميائيّ
arqueólogo (m)	ʿālim ʾāθār (m)	عالم آثار
geólogo (m)	ʒiulūʒiy (m)	جيولوجيّ
pesquisador (cientista)	bāḥiθ (m)	باحث
babysitter (f)	murabbiyat aṭfāl (f)	مربّية الأطفال
professor (m)	muʿallim (m)	معلّم
redator (m)	muḥarrir (m)	محرّر
redator-chefe (m)	raʾīs taḥrīr (m)	رئيس تحرير
correspondente (m)	murāsil (m)	مراسل
datilógrafa (f)	kātiba ʿalal ʾāla al kātiba (f)	كاتبة على الآلة الكاتبة
designer (m)	muṣammim (m)	مصمّم
especialista (m) em informática	mutaxaṣṣiṣ bil kumbyūtir (m)	متخصّص بالكمبيوتر
programador (m)	mubarmiʒ (m)	مبرمج
engenheiro (m)	muhandis (m)	مهندس
marujo (m)	baḥḥār (m)	بحّار
marinheiro (m)	baḥḥār (m)	بحّار
salvador (m)	munqið (m)	منقذ
bombeiro (m)	raʒul iṭfāʾ (m)	رجل إطفاء
polícia (m)	ʃurṭiy (m)	شرطيّ
guarda-noturno (m)	ḥāris (m)	حارس
detetive (m)	muḥaqqiq (m)	محقّق
funcionário (m) da alfândega	muwazzaf al ʒamārik (m)	موظّف الجمارك
guarda-costas (m)	ḥāris ʃaxṣiy (m)	حارس شخصيّ
guarda (m) prisional	ḥāris siʒn (m)	حارس سجن
inspetor (m)	mufattiʃ (m)	مفتّش
desportista (m)	riyāḍiy (m)	رياضيّ
treinador (m)	mudarrib (m)	مدرّب

talhante (m)	ʒazzār (m)	جزّار
sapateiro (m)	iskāfiy (m)	إسكافيّ
comerciante (m)	tāʒir (m)	تاجر
carregador (m)	ḥammāl (m)	حمّال
estilista (m)	muṣammim azyā' (m)	مصمّم أزياء
modelo (f)	mudīl (f)	موديل

93. Ocupações. Estatuto social

aluno, escolar (m)	tilmīð (m)	تلميذ
estudante (~ universitária)	ṭālib (m)	طالب
filósofo (m)	faylasūf (m)	فيلسوف
economista (m)	iqtiṣādiy (m)	إقتصاديّ
inventor (m)	muxtariʿ (m)	مخترع
desempregado (m)	ʿāṭil (m)	عاطل
reformado (m)	mutaqāʿid (m)	متقاعد
espião (m)	ʒāsūs (m)	جاسوس
preso (m)	saʒīn (m)	سجين
grevista (m)	muḍrib (m)	مضرب
burocrata (m)	buruqrāṭiy (m)	بيروقراطيّ
viajante (m)	raḥḥāla (m)	رحّالة
homossexual (m)	miθliy ʒinsiyyan (m)	مثليّ جنسيًا
hacker (m)	hākir (m)	هاكر
hippie	hippi (m)	هيبي
bandido (m)	qāṭiʿ ṭarīq (m)	قاطع طريق
assassino (m) a soldo	qātil maʾʒūr (m)	قاتل مأجور
toxicodependente (m)	mudmin muxaddirāt (m)	مدمن مخدّرات
traficante (m)	tāʒir muxaddirāt (m)	تاجر مخدّرات
prostituta (f)	ʿāhira (f)	عاهرة
chulo (m)	qawwād (m)	قوّاد
bruxo (m)	sāḥir (m)	ساحر
bruxa (f)	sāḥira (f)	ساحرة
pirata (m)	qurṣān (m)	قرصان
escravo (m)	ʿabd (m)	عبد
samurai (m)	samurāy (m)	ساموراي
selvagem (m)	mutawaḥḥiʃ (m)	متوحّش

Educação

94. Escola

escola (f)	madrasa (f)	مدرسة
diretor (m) de escola	mudīr madrasa (m)	مدير مدرسة
aluno (m)	tilmīð (m)	تلميذ
aluna (f)	tilmīða (f)	تلميذة
escolar (m)	tilmīð (m)	تلميذ
escolar (f)	tilmīða (f)	تلميذة
ensinar (vt)	ʻallam	علّم
aprender (vt)	taʻallam	تعلّم
aprender de cor	ḥafaẓ	حفظ
estudar (vi)	taʻallam	تعلّم
andar na escola	daras	درس
ir à escola	ðahab ilal madrasa	ذهب إلى المدرسة
alfabeto (m)	alifbā' (m)	الفباء
disciplina (f)	mādda (f)	مادة
sala (f) de aula	faṣl (m)	فصل
lição (f)	dars (m)	درس
recreio (m)	istirāḥa (f)	إستراحة
toque (m)	ʒaras al madrasa (m)	جرس المدرسة
carteira (f)	taxta lil madrasa (m)	تخة للمدرسة
quadro (m) negro	sabbūra (f)	سبّورة
nota (f)	daraʒa (f)	درجة
boa nota (f)	daraʒa ʒayyida (f)	درجة جيّدة
nota (f) baixa	daraʒa ɣayr ʒayyida (f)	درجة غير جيّدة
dar uma nota	aʻṭa daraʒa	أعطى درجة
erro (m)	xaṭa' (m)	خطأ
fazer erros	axṭa'	أخطأ
corrigir (vt)	ṣaḥḥaḥ	صحّح
cábula (f)	waraqat ɣaʃʃ (f)	ورقة غشّ
dever (m) de casa	wāʒib manziliy (m)	واجب منزليّ
exercício (m)	tamrīn (m)	تمرين
estar presente	ḥaḍar	حضر
estar ausente	ɣāb	غاب
faltar às aulas	taɣayyab ʻan al madrasa	تغيّب عن المدرسة
punir (vt)	ʻāqab	عاقب
punição (f)	ʻuqūba (f), ʻiqāb (m)	عقوبة، عقاب
comportamento (m)	sulūk (m)	سلوك

boletim (m) escolar	at taqrīr al madrasiy (m)	التقرير المدرسيّ
lápis (m)	qalam ruṣāṣ (m)	قلم رصاص
borracha (f)	astīka (f)	استيكة
giz (m)	ṭabāʃīr (m)	طباشير
estojo (m)	maqlama (f)	مقلمة
pasta (f) escolar	ʃanṭat al madrasa (f)	شنطة المدرسة
caneta (f)	qalam (m)	قلم
caderno (m)	daftar (m)	دفتر
manual (m) escolar	kitāb taʿlīm (m)	كتاب تعليم
compasso (m)	barʒal (m)	برجل
traçar (vt)	rasam rasm taqniy	رسم رسمًا تقنيًا
desenho (m) técnico	rasm taqniy (m)	رسم تقنيّ
poesia (f)	qaṣīda (f)	قصيدة
de cor	ʿan ẓahr qalb	عن ظهر قلب
aprender de cor	ḥafaẓ	حفظ
férias (f pl)	ʿuṭla madrasiyya (f)	عطلة مدرسيّة
estar de férias	ʿindahu ʿuṭla	عنده عطلة
passar as férias	qaḍa al ʿuṭla	قضى العطلة
teste (m)	imtiḥān (m)	إمتحان
composição, redação (f)	inʃāʾ (m)	إنشاء
ditado (m)	imlāʾ (m)	إملاء
exame (m)	imtiḥān (m)	إمتحان
fazer exame	marr al imtiḥān	مرّ الإمتحان
experiência (~ química)	taʒriba (f)	تجربة

95. Colégio. Universidade

academia (f)	akadīmiyya (f)	أكاديميّة
universidade (f)	ʒāmiʿa (f)	جامعة
faculdade (f)	kulliyya (f)	كلّيّة
estudante (m)	ṭālib (m)	طالب
estudante (f)	ṭāliba (f)	طالبة
professor (m)	muḥāḍir (m)	محاضر
sala (f) de palestras	mudarraʒ (m)	مدرّج
graduado (m)	mutaxarriʒ (m)	متخرّج
diploma (m)	diblūma (f)	دبلومة
tese (f)	risāla ʿilmiyya (f)	رسالة علميّة
estudo (obra)	dirāsa (f)	دراسة
laboratório (m)	muxtabar (m)	مختبر
palestra (f)	muḥāḍara (f)	محاضرة
colega (m) de curso	zamīl fiṣ ṣaff (m)	زميل في الصفّ
bolsa (f) de estudos	minḥa dirāsiyya (f)	منحة دراسيّة
grau (m) académico	daraʒa ʿilmiyya (f)	درجة علميّة

96. Ciências. Disciplinas

matemática (f)	riyāḍīyyāt (pl)	رياضيّات
álgebra (f)	al ʒabr (m)	الجبر
geometria (f)	handasa (f)	هندسة
astronomia (f)	ʻilm al falak (m)	علم الفلك
biologia (f)	ʻilm al aḥyāʼ (m)	علم الأحياء
geografia (f)	ʒuɣrāfiya (f)	جغرافيا
geologia (f)	ʒiulūʒiya (f)	جيولوجيا
história (f)	tarīx (m)	تاريخ
medicina (f)	ṭibb (m)	طبّ
pedagogia (f)	ʻilm at tarbiya (f)	علم التربية
direito (m)	qānūn (m)	قانون
física (f)	fizyāʼ (f)	فيزياء
química (f)	kimyāʼ (f)	كيمياء
filosofia (f)	falsafa (f)	فلسفة
psicologia (f)	ʻilm an nafs (m)	علم النفس

97. Sistema de escrita. Ortografia

gramática (f)	an naḥw waṣ ṣarf (m)	النحو والصرف
vocabulário (m)	mufradāt al luɣa (pl)	مفردات اللغة
fonética (f)	ṣawtīyyāt (pl)	صوتيّات
substantivo (m)	ism (m)	إسم
adjetivo (m)	ṣifa (f)	صفة
verbo (m)	fiʻl (m)	فعل
advérbio (m)	ẓarf (m)	ظرف
pronome (m)	ḍamīr (m)	ضمير
interjeição (f)	ḥarf nidāʼ (m)	حرف نداء
preposição (f)	ḥarf al ʒarr (m)	حرف الجرّ
raiz (f) da palavra	ʒiðr al kalima (m)	جذر الكلمة
terminação (f)	nihāya (f)	نهاية
prefixo (m)	sābiqa (f)	سابقة
sílaba (f)	maqtaʻ lafẓiy (m)	مقطع لفظيّ
sufixo (m)	lāḥiqa (f)	لاحقة
acento (m)	nabra (f)	نبرة
apóstrofo (m)	ʻalāmat ḥaðf (f)	علامة حذف
ponto (m)	nuqṭa (f)	نقطة
vírgula (f)	fāṣila (f)	فاصلة
ponto e vírgula (m)	nuqṭa wa fāṣila (f)	نقطة وفاصلة
dois pontos (m pl)	nuqṭatān raʼsiyyatān (du)	نقطتان رأسيتان
reticências (f pl)	θalāθ nuqaṭ (pl)	ثلاث نقط
ponto (m) de interrogação	ʻalāmat istifhām (f)	علامة إستفهام
ponto (m) de exclamação	ʻalāmat taʻaʒʒub (f)	علامة تعجّب

aspas (f pl)	ʿalāmāt al iqtibās (pl)	علامات الإقتباس
entre aspas	bayn ʿalāmatay al iqtibās	بين علامتي الإقتباس
parênteses (m pl)	qawsān (du)	قوسان
entre parênteses	bayn al qawsayn	بين القوسين
hífen (m)	ʿalāmat waṣl (f)	علامة وصل
travessão (m)	ʃurṭa (f)	شرطة
espaço (m)	farāɣ (m)	فراغ
letra (f)	ḥarf (m)	حرف
letra (f) maiúscula	ḥarf kabīr (m)	حرف كبير
vogal (f)	ḥarf ṣawtiy (m)	حرف صوتيّ
consoante (f)	ḥarf sākin (m)	حرف ساكن
frase (f)	ʒumla (f)	جملة
sujeito (m)	fāʿil (m)	فاعل
predicado (m)	musnad (m)	مسند
linha (f)	saṭr (m)	سطر
em uma nova linha	min bidāyat as saṭr	من بداية السطر
parágrafo (m)	fiqra (f)	فقرة
palavra (f)	kalima (f)	كلمة
grupo (m) de palavras	maʒmūʿa min al kalimāt (pl)	مجموعة من الكلمات
expressão (f)	ʿibāra (f)	عبارة
sinónimo (m)	murādif (m)	مرادف
antónimo (m)	mutaḍādd luɣawiy (m)	متضادٌ
regra (f)	qāʿida (f)	قاعدة
exceção (f)	istiθnāʾ (m)	إستثناء
correto	ṣaḥīḥ	صحيح
conjugação (f)	ṣarf (m)	صرف
declinação (f)	taṣrīf al asmāʾ (m)	تصريف الأسماء
caso (m)	ḥāla ismiyya (f)	حالة إسميّة
pergunta (f)	suʾāl (m)	سؤال
sublinhar (vt)	waḍaʿ ҳaṭṭ taḥt	وضع خطًّا تحت
linha (f) pontilhada	ҳaṭṭ munaqqaṭ (m)	خط منقط

98. Línguas estrangeiras

língua (f)	luɣa (f)	لغة
estrangeiro	aʒnabiy	أجنبيّ
língua (f) estrangeira	luɣa aʒnabiyya (f)	لغة أجنبيّة
estudar (vt)	daras	درس
aprender (vt)	taʿallam	تعلّم
ler (vt)	qaraʾ	قرأ
falar (vi)	takallam	تكلّم
compreender (vt)	fahim	فهم
escrever (vt)	katab	كتب
rapidamente	bi surʿa	بسرعة
devagar	bi buṭʾ	ببطء

fluentemente	bi ṭalāqa	بطلاقة
regras (f pl)	qawāʻid (pl)	قواعد
gramática (f)	an naḥw waṣ ṣarf (m)	النحو والصرف
vocabulário (m)	mufradāt al luɣa (pl)	مفردات اللغة
fonética (f)	ṣawtīyyāt (pl)	صوتيّات
manual (m) escolar	kitāb taʻlīm (m)	كتاب تعليم
dicionário (m)	qāmūs (m)	قاموس
manual (m) de autoaprendizagem	kitāb taʻlīm ðātiy (m)	كتاب تعليم ذاتيّ
guia (m) de conversação	kitāb lil ʻibārāt aʃ ʃāʼiʻa (m)	كتاب للعبارت الشائعة
cassete (f)	ʃarīṭ (m)	شريط
vídeo cassete (m)	ʃarīṭ vidiyu (m)	شريط فيديو
CD (m)	si di (m)	سي دي
DVD (m)	di vi di (m)	دي في دي
alfabeto (m)	alifbāʼ (m)	الفباء
soletrar (vt)	tahaʒʒa	تهجى
pronúncia (f)	nuṭq (m)	نطق
sotaque (m)	lukna (f)	لكنة
com sotaque	bi lukna	بلكنة
sem sotaque	bi dūn lukna	بدون لكنة
palavra (f)	kalima (f)	كلمة
sentido (m)	maʻna (m)	معنى
cursos (m pl)	dawra (f)	دورة
inscrever-se (vr)	saʒʒal ismahu	سجّل إسمه
professor (m)	mudarris (m)	مدرّس
tradução (processo)	tarʒama (f)	ترجمة
tradução (texto)	tarʒama (f)	ترجمة
tradutor (m)	mutarʒim (m)	مترجم
intérprete (m)	mutarʒim fawriy (m)	مترجم فوريّ
poliglota (m)	ʻalīm bi ʻiddat luɣāt (m)	عليم بعدّة لغات
memória (f)	ðākira (f)	ذاكرة

Descanso. Entretenimento. Viagens

99. Viagens

turismo (m)	siyāḥa (f)	سياحة
turista (m)	sā'iḥ (m)	سائح
viagem (f)	riḥla (f)	رحلة
aventura (f)	muɣāmara (f)	مغامرة
viagem (f)	riḥla (f)	رحلة
férias (f pl)	ʿuṭla (f)	عطلة
estar de férias	ʿindahu ʿuṭla	عنده عطلة
descanso (m)	istirāḥa (f)	إستراحة
comboio (m)	qiṭār (m)	قطار
de comboio (chegar ~)	bil qiṭār	بالقطار
avião (m)	ṭā'ira (f)	طائرة
de avião	biṭ ṭā'ira	بالطائرة
de carro	bis sayyāra	بالسيّارة
de navio	bis safīna	بالسفينة
bagagem (f)	aʃʃunaṭ (pl)	الشنط
mala (f)	ḥaqībat safar (f)	حقيبة سفر
carrinho (m)	ʿarabat ʃunaṭ (f)	عربة شنط
passaporte (m)	ʒawāz as safar (m)	جواز السفر
visto (m)	ta'ʃīra (f)	تأشيرة
bilhete (m)	taðkira (f)	تذكرة
bilhete (m) de avião	taðkirat ṭā'ira (f)	تذكرة طائرة
guia (m) de viagem	dalīl (m)	دليل
mapa (m)	χarīṭa (f)	خريطة
local (m), area (f)	mintaqa (f)	منطقة
lugar, sítio (m)	makān (m)	مكان
exotismo (m)	ɣarāba (f)	غرابة
exótico	ɣarīb	غريب
surpreendente	mudhiʃ	مدهش
grupo (m)	maʒmūʿa (f)	مجموعة
excursão (f)	ʒawla (f)	جولة
guia (m)	murʃid (m)	مرشد

100. Hotel

hotel (m)	funduq (m)	فندق
motel (m)	mutīl (m)	موتيل
três estrelas	θalāθat nuʒūm	ثلاثة نجوم

cinco estrelas	χamsat nuʒūm	خمسة نجوم
ficar (~ num hotel)	nazal	نزل
quarto (m)	ɣurfa (f)	غرفة
quarto (m) individual	ɣurfa li ʃaχṣ wāḥid (f)	غرفة لشخص واحد
quarto (m) duplo	ɣurfa li ʃaχṣayn (f)	غرفة لشخصين
reservar um quarto	ḥaʒaz ɣurfa	حجز غرفة
meia pensão (f)	waʒbitān fil yawm (du)	وجبتان في اليوم
pensão (f) completa	θalāθ waʒabāt fil yawm	ثلاث وجبات في اليوم
com banheira	bi ḥawḍ al istiḥmām	بحوض الإستحمام
com duche	bid duʃ	بالدوش
televisão (m) satélite	tilivizyūn faḍā'iy (m)	تلفزيون فضائيّ
ar (m) condicionado	takyīf (m)	تكييف
toalha (f)	fūṭa (f)	فوطة
chave (f)	miftāḥ (m)	مفتاح
administrador (m)	mudīr (m)	مدير
camareira (f)	'āmilat tanẓīf ɣuraf (f)	عاملة تنظيف غرف
bagageiro (m)	ḥammāl (m)	حمّال
porteiro (m)	bawwāb (m)	بوّاب
restaurante (m)	maṭ'am (m)	مطعم
bar (m)	bār (m)	بار
pequeno-almoço (m)	fuṭūr (m)	فطور
jantar (m)	'aʃā' (m)	عشاء
buffet (m)	bufīh (m)	بوفيه
hall (m) de entrada	radha (f)	ردهة
elevador (m)	miṣ'ad (m)	مصعد
NÃO PERTURBE	ar raʒā' 'adam al iz'āʒ	الرجاء عدم الإزعاج
PROIBIDO FUMAR!	mamnū' at tadχīn	ممنوع التدخين

EQUIPAMENTO TÉCNICO. TRANSPORTES

Equipamento técnico. Transportes

101. Computador

Português	Transliteração	Árabe
computador (m)	kumbyūtir (m)	كمبيوتر
portátil (m)	kumbyūtir maḥmūl (m)	كمبيوتر محمول
ligar (vt)	ʃaɣɣal	شغّل
desligar (vt)	aɣlaq	أغلق
teclado (m)	lawḥat al mafātīḥ (f)	لوحة المفاتيح
tecla (f)	miftāḥ (m)	مفتاح
rato (m)	fa'ra (f)	فأرة
tapete (m) de rato	wisādat fa'ra (f)	وسادة فأرة
botão (m)	zirr (m)	زرّ
cursor (m)	mu'aʃʃir (m)	مؤشّر
monitor (m)	ʃāʃa (f)	شاشة
ecrã (m)	ʃāʃa (f)	شاشة
disco (m) rígido	qurṣ ṣalib (m)	قرص صلب
capacidade (f) do disco rígido	si'at taxzīn (f)	سعة تخزين
memória (f)	ðākira (f)	ذاكرة
memória RAM (f)	ðākirat al wuṣūl al 'aʃwā'iy (f)	ذاكرة الوصول العشوائيّ
ficheiro (m)	malaff (m)	ملفّ
pasta (f)	ḥāfiẓa (m)	حافظة
abrir (vt)	fataḥ	فتح
fechar (vt)	aɣlaq	أغلق
guardar (vt)	ḥafaẓ	حفظ
apagar, eliminar (vt)	masaḥ	مسح
copiar (vt)	nasax	نسخ
ordenar (vt)	ṣannaf	صنّف
copiar (vt)	naqal	نقل
programa (m)	barnāmaʒ (m)	برنامج
software (m)	barāmiʒ kumbyūtir (pl)	برامج كمبيوتر
programador (m)	mubarmiʒ (m)	مبرمج
programar (vt)	barmaʒ	برمج
hacker (m)	hākir (m)	هاكر
senha (f)	kalimat as sirr (f)	كلمة السرّ
vírus (m)	virūs (m)	فيروس
detetar (vt)	waʒad	وجد
byte (m)	bayt (m)	بايت

megabyte (m)	miʒabāyt (m)	ميجابايت
dados (m pl)	bayānāt (pl)	بيانات
base (f) de dados	qaʻidat bayānāt (f)	قاعدة بيانات
cabo (m)	kābil (m)	كابل
desconectar (vt)	faṣal	فصل
conetar (vt)	waṣṣal	وصّل

102. Internet. E-mail

internet (f)	intirnit (m)	إنترنت
browser (m)	mutaṣaffiḥ (m)	متصفح
motor (m) de busca	muḥarrik baḥθ (m)	محرّك بحث
provedor (m)	ʃarikat al intirnīt (f)	شركة الإنترنيت
webmaster (m)	mudīr al mawqiʻ (m)	مدير الموقع
website, sítio web (m)	mawqiʻ iliktrūniy (m)	موقع إلكتروني
página (f) web	ṣafḥat wīb (f)	صفحة ويب
endereço (m)	ʻunwān (m)	عنوان
livro (m) de endereços	daftar al ʻanāwīn (m)	دفتر العناوين
caixa (f) de correio	ṣundūq al barīd (m)	صندوق البريد
correio (m)	barīd (m)	بريد
cheia (caixa de correio)	mumtaliʼ	ممتلىء
mensagem (f)	risāla iliktrūniyya (f)	رسالة إلكترونيّة
mensagens (f pl) recebidas	rasaʼil wārida (pl)	رسائل واردة
mensagens (f pl) enviadas	rasaʼil ṣādira (pl)	رسائل صادرة
remetente (m)	mursil (m)	مرسل
enviar (vt)	arsal	أرسل
envio (m)	irsāl (m)	إرسال
destinatário (m)	mursal ilayh (m)	مرسل إليه
receber (vt)	istalam	إستلم
correspondência (f)	murāsala (f)	مراسلة
corresponder-se (vr)	tarāsal	تراسل
ficheiro (m)	malaff (m)	ملفّ
fazer download, baixar	ḥammal	حمّل
criar (vt)	anʃaʼ	أنشأ
apagar, eliminar (vt)	masaḥ	مسح
eliminado	mamsūḥ	ممسوح
conexão (f)	ittiṣāl (m)	إتّصال
velocidade (f)	surʻa (f)	سرعة
modem (m)	mudim (m)	مودم
acesso (m)	wuṣūl (m)	وصول
porta (f)	maxraʒ (m)	مخرج
conexão (f)	ittiṣāl (m)	إتّصال
conetar (vi)	ittaṣal	إتّصل
escolher (vt)	ixtār	إختار
buscar (vt)	baḥaθ	بحث

103. Eletricidade

eletricidade (f)	kahrabā' (m)	كهرباء
elétrico	kahrabā'iy	كهربائيّ
central (f) elétrica	maḥaṭṭa kahrabā'iyya (f)	محطّة كهربائيّة
energia (f)	ṭāqa (f)	طاقة
energia (f) elétrica	ṭāqa kahrabā'iyya (f)	طاقة كهربائيّة

lâmpada (f)	lamba (f)	لمبة
lanterna (f)	kaʃʃāf an nūr (m)	كشّاف النور
poste (m) de iluminação	ʿamūd an nūr (m)	عمود النور

luz (f)	nūr (m)	نور
ligar (vt)	fataḥ, ʃayɣal	فتح، شغّل
desligar (vt)	ṭaffa	طفّى
apagar a luz	ṭaffa n nūr	طفّى النور

fundir (vi)	inṭafa'	إنطفأ
curto-circuito (m)	da'ira kahrabā'iyya qaṣīra (f)	دائرة كهربائية قصيرة
rutura (f)	silk maqṭūʿ (m)	سلك مقطوع
contacto (m)	talāmus (m)	تلامس

interruptor (m)	miftāḥ an nūr (m)	مفتاح النور
tomada (f)	barizat al kahrabā' (f)	بريزة الكهرباء
ficha (f)	fīʃat al kahrabā' (f)	فيشة الكهرباء
extensão (f)	silk tawṣīl (m)	سلك توصيل

fusível (m)	fāṣima (f)	فاصمة
fio, cabo (m)	silk (m)	سلك
instalação (f) elétrica	aslāk (pl)	أسلاك

ampere (m)	ambīr (m)	أمبير
amperagem (f)	ʃiddat at tayyār al kahrabā'iy (f)	شدّة التيّار الكهربائيّ
volt (m)	vūlt (m)	فولت
voltagem (f)	ʒuhd kahrabā'iy (m)	جهد كهربائيّ

aparelho (m) elétrico	ʒihāz kahrabā'iy (m)	جهاز كهربائيّ
indicador (m)	mu'aʃʃir (m)	مؤشّر

eletricista (m)	kahrabā'iy (m)	كهربائيّ
soldar (vt)	laḥam	لحم
ferro (m) de soldar	adāt laḥm (f)	أداة لحم
corrente (f) elétrica	tayyār kahrabā'iy (m)	تيّار كهربائيّ

104. Ferramentas

ferramenta (f)	adāt (f)	أداة
ferramentas (f pl)	adawāt (pl)	أدوات
equipamento (m)	muʿaddāt (pl)	معدّات

martelo (m)	miṭraqa (f)	مطرقة
chave (f) de fendas	mifakk (m)	مفكّ

machado (m)	fa's (m)	فأس
serra (f)	minʃār (m)	منشار
serrar (vt)	naʃar	نشر
plaina (f)	masḥāʒ (m)	مسحج
aplainar (vt)	saḥaʒ	سحج
ferro (m) de soldar	adāt laḥm (f)	أداة لحم
soldar (vt)	laḥam	لحم
lima (f)	mibrad (m)	مبرد
tenaz (f)	kammāʃa (f)	كمّاشة
alicate (m)	zardiyya (f)	زرديّة
formão (m)	izmīl (m)	إزميل
broca (f)	luqmat θaqb (m)	لقمة ثقب
berbequim (f)	miθqab (m)	مثقب
furar (vt)	θaqab	ثقب
faca (f)	sikkīn (m)	سكّين
canivete (m)	sikkīn ʒayb (m)	سكّين جيب
lâmina (f)	ʃafra (f)	شفرة
afiado	ḥādd	حادّ
cego	θālim	ثالم
embotar-se (vr)	taθallam	تثلّم
afiar, amolar (vt)	ʃaḥað	شحذ
parafuso (m)	mismār qalāwūz (m)	مسمار قلاووظ
porca (f)	ṣamūla (f)	صامولة
rosca (f)	naẓm (m)	نظم
parafuso (m) para madeira	qalāwūz (m)	قلاووظ
prego (m)	mismār (m)	مسمار
cabeça (f) do prego	ra's al mismār (m)	رأس المسمار
régua (f)	masṭara (f)	مسطرة
fita (f) métrica	ʃarīṭ al qiyās (m)	شريط القياس
nível (m)	mīzān al mā' (m)	ميزان الماء
lupa (f)	ʻadasa mukabbira (f)	عدسة مكبّرة
medidor (m)	ʒihāz qiyās (m)	جهاز قياس
medir (vt)	qās	قاس
escala (f)	miqyās (m)	مقياس
indicação (f), registo (m)	qirā'a (f)	قراءة
compressor (m)	ḍāɣiṭ al ɣāz (m)	ضاغط الغاز
microscópio (m)	mikruskūb (m)	ميكروسكوب
bomba (f)	ṭulumba (f)	طلمبة
robô (m)	rūbut (m)	روبوت
laser (m)	layzir (m)	ليزر
chave (f) de boca	miftāḥ aṣ ṣawāmīl (m)	مفتاح الصواميل
fita (f) adesiva	lazq (m)	لزق
cola (f)	ṣamɣ (m)	صمغ
lixa (f)	waraq ṣanfara (m)	ورق صنفرة
mola (f)	sūsta (f)	سوستة

íman (m)	miɣnaṭīs (m)	مغنطيس
luvas (f pl)	quffāz (m)	قفاز
corda (f)	ḥabl (m)	حبل
cordel (m)	ḥabl (m)	حبل
fio (m)	silk (m)	سلك
cabo (m)	kābil (m)	كابل
marreta (f)	mirzaba (f)	مرزبة
pé de cabra (m)	ʿatala (f)	عتلة
escada (f) de mão	sullam (m)	سلم
escadote (m)	sullam (m)	سلم
enroscar (vt)	aḥkam aʃ ʃadd	أحكم الشدّ
desenroscar (vt)	fataḥ	فتح
apertar (vt)	kamaʃ	كمش
colar (vt)	alṣaq	ألصق
cortar (vt)	qaṭaʿ	قطع
falha (mau funcionamento)	taʿaṭṭul (m)	تعطّل
conserto (m)	iṣlāḥ (m)	إصلاح
consertar, reparar (vt)	aṣlaḥ	أصلح
regular, ajustar (vt)	ḍabaṭ	ضبط
verificar (vt)	ixtabar	إختبر
verificação (f)	faḥṣ (m)	فحص
indicação (f), registo (m)	qirāʾa (f)	قراءة
seguro	matīn	متين
complicado	murakkab	مركّب
enferrujar (vi)	ṣadiʾ	صدئ
enferrujado	ṣadīʾ	صديء
ferrugem (f)	ṣadaʾ (m)	صدأ

Transportes

105. Avião

avião (m)	ṭā'ira (f)	طائرة
bilhete (m) de avião	taðkirat ṭā'ira (f)	تذكرة طائرة
companhia (f) aérea	ʃarikat ṭayarān (f)	شركة طيران
aeroporto (m)	maṭār (m)	مطار
supersónico	χāriq liṣ ṣawt	خارق للصوت
comandante (m) do avião	qā'id aṭ ṭā'ira (m)	قائد الطائرة
tripulação (f)	ṭāqim (m)	طاقم
piloto (m)	ṭayyār (m)	طيّار
hospedeira (f) de bordo	muḍīfat ṭayarān (f)	مضيفة طيران
copiloto (m)	mallāḥ (m)	ملّاح
asas (f pl)	aʒniḥa (pl)	أجنحة
cauda (f)	ðayl (m)	ذيل
cabine (f) de pilotagem	kabīna (f)	كابينة
motor (m)	mutūr (m)	موتور
trem (m) de aterragem	'aʒalāt al hubūṭ (pl)	عجلات الهبوط
turbina (f)	turbīna (f)	تربينة
hélice (f)	mirwaḥa (f)	مروحة
caixa-preta (f)	musaʒʒil aṭ ṭayarān (m)	مسجّل الطيران
coluna (f) de controlo	'aʒalat qiyāda (f)	عجلة قيادة
combustível (m)	wuqūd (m)	وقود
instruções (f pl) de segurança	biṭāqat as salāma (f)	بطاقة السلامة
máscara (f) de oxigénio	qinā' uksiʒīn (m)	قناع أوكسجين
uniforme (m)	libās muwaḥḥad (m)	لباس موحّد
colete (m) salva-vidas	sutrat naʒāt (f)	سترة نجاة
paraquedas (m)	miʒallat hubūṭ (f)	مظلّة هبوط
descolagem (f)	iqlā' (m)	إقلاع
descolar (vi)	aqla'at	أقلعت
pista (f) de descolagem	madraʒ aṭ ṭā'irāt (m)	مدرج الطائرات
visibilidade (f)	ru'ya (f)	رؤية
voo (m)	ṭayarān (m)	طيران
altura (f)	irtifā' (m)	إرتفاع
poço (m) de ar	ʒayb hawā'iy (m)	جيب هوائيّ
assento (m)	maq'ad (m)	مقعد
auscultadores (m pl)	sammā'āt ra'siya (pl)	سمّاعات رأسيّة
mesa (f) rebatível	ṣīniyya qābila liṭ ṭayy (f)	صينية قابلة للطيّ
vigia (f)	ʃubbāk aṭ ṭā'ira (m)	شبّاك الطائرة
passagem (f)	mamarr (m)	ممرّ

106. Comboio

comboio (m)	qiṭār (m)	قطار
comboio (m) suburbano	qiṭār (m)	قطار
comboio (m) rápido	qiṭār sarīʿ (m)	قطار سريع
locomotiva (f) diesel	qāṭirat dīzil (f)	قاطرة ديزل
locomotiva (f) a vapor	qāṭira buxāriyya (f)	قاطرة بخارية
carruagem (f)	ʿaraba (f)	عربة
carruagem restaurante (f)	ʿarabat al maṭʿam (f)	عربة المطعم
carris (m pl)	quḍubān (pl)	قضبان
caminho de ferro (m)	sikka ḥadīdiyya (f)	سكة حديدية
travessa (f)	ʿāriḍa (f)	عارضة
plataforma (f)	raṣīf (m)	رصيف
linha (f)	xaṭṭ (m)	خط
semáforo (m)	simafūr (m)	سيمافور
estação (f)	maḥaṭṭa (f)	محطة
maquinista (m)	sāʾiq (m)	سائق
bagageiro (m)	ḥammāl (m)	حمّال
hospedeiro, -a (da carruagem)	masʾūl ʿarabat al qiṭār (m)	مسؤول عربة القطار
passageiro (m)	rākib (m)	راكب
revisor (m)	kamsariy (m)	كمسريّ
corredor (m)	mamarr (m)	ممرّ
freio (m) de emergência	farāmil aṭ ṭawāriʾ (pl)	فرامل الطوارئ
compartimento (m)	ɣurfa (f)	غرفة
cama (f)	sarīr (m)	سرير
cama (f) de cima	sarīr ʿulwiy (m)	سرير علويّ
cama (f) de baixo	sarīr sufliy (m)	سرير سفليّ
roupa (f) de cama	aɣṭiyat as sarīr (pl)	أغطية السرير
bilhete (m)	taðkira (f)	تذكرة
horário (m)	ʒadwal (m)	جدول
painel (m) de informação	lawḥat maʿlūmāt (f)	لوحة معلومات
partir (vt)	ɣādar	غادر
partida (f)	muɣādara (f)	مغادرة
chegar (vi)	waṣal	وصل
chegada (f)	wuṣūl (m)	وصول
chegar de comboio	waṣal bil qiṭār	وصل بالقطار
apanhar o comboio	rakib al qiṭār	ركب القطار
sair do comboio	nazil min al qiṭār	نزل من القطار
acidente (m) ferroviário	ḥiṭām qiṭār (m)	حطام قطار
descarrilar (vi)	xaraʒ ʿan xaṭṭ sayrih	خرج عن خط سيره
locomotiva (f) a vapor	qāṭira buxāriyya (f)	قاطرة بخارية
fogueiro (m)	ʿataʃʒiy (m)	عطشجيّ
fornalha (f)	furn al muḥarrik (m)	فرن المحرّك
carvão (m)	faḥm (m)	فحم

107. Barco

navio (m)	safīna (f)	سفينة
embarcação (f)	safīna (f)	سفينة
vapor (m)	bāxira (f)	باخرة
navio (m)	bāxira nahriyya (f)	باخرة نهريّة
transatlântico (m)	bāxira siyahiyya (f)	باخرة سياحيّة
cruzador (m)	ṭarrād (m)	طرّاد
iate (m)	yaxt (m)	يخت
rebocador (m)	qāṭira (f)	قاطرة
barcaça (f)	ṣandal (m)	صندل
ferry (m)	ʿabbāra (f)	عبّارة
veleiro (m)	safīna ʃirāʿiyya (m)	سفينة شراعيّة
bergantim (m)	markab ʃirāʿiy (m)	مركب شراعيّ
quebra-gelo (m)	muḥaṭṭimat ʒalīd (f)	محطّمة جليد
submarino (m)	ɣawwāṣa (f)	غوّاصة
bote, barco (m)	markab (m)	مركب
bote, dingue (m)	zawraq (m)	زورق
bote (m) salva-vidas	qārib naʒāt (m)	قارب نجاة
lancha (f)	lanʃ (m)	لنش
capitão (m)	qubṭān (m)	قبطان
marinheiro (m)	baḥḥār (m)	بحّار
marujo (m)	baḥḥār (m)	بحّار
tripulação (f)	ṭāqim (m)	طاقم
contramestre (m)	raʾīs al baḥḥāra (m)	رئيس البحّارة
grumete (m)	ṣabiy as safīna (m)	صبي السفينة
cozinheiro (m) de bordo	ṭabbāx (m)	طبّاخ
médico (m) de bordo	ṭabīb as safīna (m)	طبيب السفينة
convés (m)	saṭh as safīna (m)	سطح السفينة
mastro (m)	sāriya (f)	سارية
vela (f)	ʃirāʿ (m)	شراع
porão (m)	ʿambar (m)	عنبر
proa (f)	muqaddama (m)	مقدّمة
popa (f)	muʾaxirat as safīna (f)	مؤخّرة السفينة
remo (m)	miʒðāf (m)	مجذاف
hélice (f)	mirwaḥa (f)	مروحة
camarote (m)	kabīna (f)	كابينة
sala (f) dos oficiais	ɣurfat al istirāḥa (f)	غرفة الإستراحة
sala (f) das máquinas	qism al ʾālāt (m)	قسم الآلات
ponte (m) de comando	burʒ al qiyāda (m)	برج القيادة
sala (f) de comunicações	ɣurfat al lāsilkiy (f)	غرفة اللاسلكيّ
onda (f) de rádio	mawʒa (f)	موجة
diário (m) de bordo	siʒil as safīna (m)	سجل السفينة
luneta (f)	minẓār (m)	منظار
sino (m)	ʒaras (m)	جرس

bandeira (f)	ʻalam (m)	علم
cabo (m)	ḥabl (m)	حبل
nó (m)	ʻuqda (f)	عقدة
corrimão (m)	drabizīn (m)	درابزين
prancha (f) de embarque	sullam (m)	سلّم
âncora (f)	mirsāt (f)	مرساة
recolher a âncora	rafaʻ mirsāt	رفع مرساة
lançar a âncora	rasa	رسا
amarra (f)	silsilat mirsāt (f)	سلسلة مرساة
porto (m)	mīnāʼ (m)	ميناء
cais, amarradouro (m)	marsa (m)	مرسى
atracar (vi)	rasa	رسا
desatracar (vi)	aqlaʻ	أقلع
viagem (f)	riḥla (f)	رحلة
cruzeiro (m)	riḥla baḥriyya (f)	رحلة بحرية
rumo (m), rota (f)	masār (m)	مسار
itinerário (m)	ṭarīq (m)	طريق
canal (m) navegável	maʒra milāḥiy (m)	مجرى ملاحيّ
banco (m) de areia	miyāh ḍaḥla (f)	مياه ضحلة
encalhar (vt)	ʒanaḥ	جنح
tempestade (f)	ʻāṣifa (f)	عاصفة
sinal (m)	iʃāra (f)	إشارة
afundar-se (vr)	ɣariq	غرق
Homem ao mar!	saqaṭ raʒul min as safīna!	سقط رجل من السفينة!
SOS	nidāʼ iɣāθa (m)	نداء إغاثة
boia (f) salva-vidas	ṭawq naʒāt (m)	طوق نجاة

108. Aeroporto

aeroporto (m)	maṭār (m)	مطار
avião (m)	ṭāʼira (f)	طائرة
companhia (f) aérea	ʃarikat ṭayarān (f)	شركة طيران
controlador (m) de tráfego aéreo	marāqib al ḥaraka al ʒawwiyya (pl)	مراقب الحركة الجويّة
partida (f)	muɣādara (f)	مغادرة
chegada (f)	wuṣūl (m)	وصول
chegar (~ de avião)	waṣal	وصل
hora (f) de partida	waqt al muɣādara (m)	وقت المغادرة
hora (f) de chegada	waqt al wuṣūl (m)	وقت الوصول
estar atrasado	taʼaxxar	تأخّر
atraso (m) de voo	taʼaxxur ar riḥla (m)	تأخّر الرحلة
painel (m) de informação	lawḥat al maʻlūmāt (f)	لوحة المعلومات
informação (f)	istiʻlāmāt (pl)	إستعلامات
anunciar (vt)	aʻlan	أعلن

voo (m)	riḥla (f)	رحلة
alfândega (f)	ʒamārik (pl)	جمارك
funcionário (m) da alfândega	muwaẓẓaf al ʒamārik (m)	موظّف الجمارك
declaração (f) alfandegária	taṣrīḥ ʒumrukiy (m)	تصريح جمركيّ
preencher (vt)	malaʾ	ملأ
preencher a declaração	malaʾ at taṣrīḥ	ملأ التصريح
controlo (m) de passaportes	taftīʃ al ʒawāzāt (m)	تفتيش الجوازات
bagagem (f)	aʃ ʃunaṭ (pl)	الشنط
bagagem (f) de mão	ʃunaṭ al yad (pl)	شنط اليد
carrinho (m)	ʿarabat ʃunaṭ (f)	عربة شنط
aterragem (f)	hubūṭ (m)	هبوط
pista (f) de aterragem	mamarr al hubūṭ (m)	ممرّ الهبوط
aterrar (vi)	habaṭ	هبط
escada (f) de avião	sullam aṭ ṭāʾira (m)	سلّم الطائرة
check-in (m)	tasʒīl (m)	تسجيل
balcão (m) do check-in	makān at tasʒīl (m)	مكان التسجيل
fazer o check-in	saʒʒal	سجّل
cartão (m) de embarque	biṭāqat ṣuʿūd (f)	بطاقة صعود
porta (f) de embarque	bawwābat al muɣādara (f)	بوّابة المغادرة
trânsito (m)	tranzīt (m)	ترانزيت
esperar (vi, vt)	intaẓar	إنتظر
sala (f) de espera	qāʿat al muɣādara (f)	قاعة المغادرة
despedir-se de …	waddaʿ	ودّع
despedir-se (vr)	waddaʿ	ودّع

Eventos

109. Férias. Evento

Português	Transliteração	Árabe
festa (f)	ʿīd (m)	عيد
festa (f) nacional	ʿīd waṭaniy (m)	عيد وطني
feriado (m)	yawm al ʿuṭla ar rasmiyya (m)	يوم العطلة الرسمية
festejar (vt)	iḥtafal	إحتفل
evento (festa, etc.)	ḥadaθ (m)	حدث
evento (banquete, etc.)	munasaba (f)	مناسبة
banquete (m)	walīma (f)	وليمة
receção (f)	ḥaflat istiqbāl (f)	حفلة إستقبال
festim (m)	walīma (f)	وليمة
aniversário (m)	ðikra sanawiyya (f)	ذكرى سنويّة
jubileu (m)	yubīl (m)	يوبيل
celebrar (vt)	iḥtafal	إحتفل
Ano (m) Novo	raʾs as sana (m)	رأس السنة
Feliz Ano Novo!	kull sana wa anta ṭayyib!	كلّ سنة وأنت طيّب!
Pai (m) Natal	baba nuwīl (m)	بابا نويل
Natal (m)	ʿīd al mīlād (m)	عيد الميلاد
Feliz Natal!	ʿīd mīlād saʿīd!	عيد ميلاد سعيد!
árvore (f) de Natal	ʃaʒarat raʾs as sana (f)	شجرة رأس السنة
fogo (m) de artifício	alʿāb nāriyya (pl)	ألعاب ناريّة
boda (f)	zifāf (m)	زفاف
noivo (m)	ʿarīs (m)	عريس
noiva (f)	ʿarūsa (f)	عروسة
convidar (vt)	daʿa	دعا
convite (m)	biṭāqat daʿwa (f)	بطاقة دعوة
convidado (m)	ḍayf (m)	ضيف
visitar (vt)	zār	زار
receber os hóspedes	istaqbal aḍ ḍuyūf	إستقبل الضيوف
presente (m)	hadiyya (f)	هديّة
oferecer (vt)	qaddam	قدّم
receber presentes	istalam al hadāya	إستلم الهدايا
ramo (m) de flores	bāqat zuhūr (f)	باقة زهور
felicitações (f pl)	tahnīʾa (f)	تهنئة
felicitar (dar os parabéns)	hannaʾ	هنّأ
cartão (m) de parabéns	biṭāqat tahnīʾa (f)	بطاقة تهنئة
enviar um postal	arsal biṭāqat tahniʾa	أرسل بطاقة تهنئة
receber um postal	istalam biṭāqat tahnīʾa	إستلم بطاقة تهنئة

brinde (m)	naxb (m)	نخب
oferecer (vt)	ḍayyaf	ضيّف
champanhe (m)	ʃambāniya (f)	شمبانيا
divertir-se (vr)	istamtaʿ	إستمتع
diversão (f)	faraḥ (m)	فرح
alegria (f)	saʿāda (f)	سعادة
dança (f)	rāqiṣa (f)	رقصة
dançar (vi)	raqaṣ	رقص
valsa (f)	vāls (m)	فالس
tango (m)	tāngu (m)	تانجو

110. Funerais. Enterro

cemitério (m)	maqbara (f)	مقبرة
sepultura (f), túmulo (m)	qabr (m)	قبر
cruz (f)	ṣalīb (m)	صليب
lápide (f)	ʃāhid al qabr (m)	شاهد القبر
cerca (f)	sūr (m)	سور
capela (f)	kanīsa sayīra (f)	كنيسة صغيرة
morte (f)	mawt (m)	موت
morrer (vi)	māt	مات
defunto (m)	al mutawaffi (m)	المتوفّي
luto (m)	ḥidād (m)	حداد
enterrar, sepultar (vt)	dafan	دفن
agência (f) funerária	bayt al ʒanāzāt (m)	بيت الجنازات
funeral (m)	ʒanāza (f)	جنازة
coroa (f) de flores	iklīl (m)	إكليل
caixão (m)	tābūt (m)	تابوت
carro (m) funerário	sayyārat naql al mawta (f)	سيّارة نقل الموتى
mortalha (f)	kafan (m)	كفن
procissão (f) funerária	ʒanāza (f)	جنازة
urna (f) funerária	qārūra li ḥifẓ ramād al mawta (f)	قارورة لحفظ رماد الموتى
crematório (m)	maḥraqat ʒuθaθ al mawta (f)	محرقة جثث الموتى
obituário (m), necrologia (f)	naʿiy (m)	نعيّ
chorar (vi)	baka	بكى
soluçar (vi)	naḥab	نحب

111. Guerra. Soldados

pelotão (m)	faṣīla (f)	فصيلة
companhia (f)	sariyya (f)	سريّة
regimento (m)	fawʒ (m)	فوج
exército (m)	ʒayʃ (m)	جيش

divisão (f)	firqa (f)	فرقة
destacamento (m)	waḥda (f)	وحدة
hoste (f)	ʒayʃ (m)	جيش

soldado (m)	ʒundiy (m)	جنديّ
oficial (m)	ḍābiṭ (m)	ضابط

soldado (m) raso	ʒundiy (m)	جنديّ
sargento (m)	raqīb (m)	رقيب
tenente (m)	mulāzim (m)	ملازم
capitão (m)	naqīb (m)	نقيب
major (m)	rāʼid (m)	رائد
coronel (m)	ʻaqīd (m)	عقيد
general (m)	ʒinirāl (m)	جنرال

marujo (m)	baḥḥār (m)	بحّار
capitão (m)	qubṭān (m)	قبطان
contramestre (m)	raīs al baḥḥāra (m)	رئيس البحّارة
artilheiro (m)	madfaʻiy (m)	مدفعيّ
soldado (m) paraquedista	ʒundiy al maẓallāt (m)	جنديّ المظلّلات
piloto (m)	ṭayyār (m)	طيّار
navegador (m)	mallāḥ (m)	ملّاح
mecânico (m)	mikanīkiy (m)	ميكانيكيّ

sapador (m)	muhandis ʻaskariy (m)	مهندس عسكريّ
paraquedista (m)	miẓalliy (m)	مظليّ
explorador (m)	mustakʃif (m)	مستكشف
franco-atirador (m)	qannāṣ (m)	قنّاص

patrulha (f)	dawriyya (f)	دوريّة
patrulhar (vt)	qām bi dawriyya	قام بدوريّة
sentinela (f)	ḥāris (m)	حارس
guerreiro (m)	muḥārib (m)	محارب
patriota (m)	waṭaniy (m)	وطنيّ
herói (m)	baṭal (m)	بطل
heroína (f)	baṭala (f)	بطلة

traidor (m)	χāʼin (m)	خائن
trair (vt)	χān	خان
desertor (m)	hārib min al ʒayʃ (m)	هارب من الجيش
desertar (vt)	harab min al ʒayʃ	هرب من الجيش

mercenário (m)	maʼʒūr (m)	مأجور
recruta (m)	ʒundiy ʒadīd (m)	جنديّ جديد
voluntário (m)	mutaṭawwiʻ (m)	متطوّع

morto (m)	qatīl (m)	قتيل
ferido (m)	ʒarīḥ (m)	جريح
prisioneiro (m) de guerra	asīr (m)	أسير

112. Guerra. Ações militares. Parte 1

guerra (f)	ḥarb (f)	حرب
guerrear (vt)	ḥārab	حارب

guerra (f) civil	ḥarb ahliyya (f)	حرب أهليّة
perfidamente	γadran	غدرًا
declaração (f) de guerra	iʻlān ḥarb (m)	إعلان حرب
declarar (vt) guerra	aʻlan	أعلن
agressão (f)	ʻudwān (m)	عدوان
atacar (vt)	haʒam	هجم
invadir (vt)	iḥtall	إحتلّ
invasor (m)	muḥtall (m)	محتلّ
conquistador (m)	fātiḥ (m)	فاتح
defesa (f)	difāʻ (m)	دفاع
defender (vt)	dāfaʻ	دافع
defender-se (vr)	dāfaʻ ʻan nafsih	دافع عن نفسه
inimigo (m)	ʻaduww (m)	عدوّ
adversário (m)	χaṣm (m)	خصم
inimigo	ʻaduww	عدوّ
estratégia (f)	istratiʒiyya (f)	إستراتيجيّة
tática (f)	taktīk (m)	تكتيك
ordem (f)	amr (m)	أمر
comando (m)	amr (m)	أمر
ordenar (vt)	amar	أمر
missão (f)	muhimma (f)	مهمّة
secreto	sirriy	سرّيّ
batalha (f)	maʻraka (f)	معركة
combate (m)	qitāl (m)	قتال
ataque (m)	huʒūm (m)	هجوم
assalto (m)	inqiḍāḍ (m)	إنقضاض
assaltar (vt)	inqaḍḍ	إنقضّ
assédio, sítio (m)	ḥiṣār (m)	حصار
ofensiva (f)	huʒūm (m)	هجوم
passar à ofensiva	haʒam	هجم
retirada (f)	insiḥāb (m)	إنسحاب
retirar-se (vr)	insaḥab	إنسحب
cerco (m)	iḥāṭa (f)	إحاطة
cercar (vt)	aḥāṭ	أحاط
bombardeio (m)	qaṣf (m)	قصف
lançar uma bomba	asqaṭ qumbula	أسقط قنبلة
bombardear (vt)	qaṣaf	قصف
explosão (f)	infiʒār (m)	إنفجار
tiro (m)	ṭalaqa (f)	طلقة
disparar um tiro	aṭlaq an nār	أطلق النار
tiroteio (m)	iṭlāq an nār (m)	إطلاق النار
apontar para ...	ṣawwab	صوّب
apontar (vt)	ṣawwab	صوّب

acertar (vt)	aṣāb al hadaf	أصاب الهدف
afundar (um navio)	aɣraq	أغرق
brecha (f)	θuqb (m)	ثقب
afundar-se (vr)	ɣariq	غرق
frente (m)	ʒabha (f)	جبهة
evacuação (f)	iχlāʾ aṭ ṭawāriʾ (m)	إخلاء الطوارئ
evacuar (vt)	aχla	أخلى
trincheira (f)	χandaq (m)	خندق
arame (m) farpado	aslāk ʃāʾika (pl)	أسلاك شائكة
obstáculo (m) anticarro	ḥāʒiz (m)	حاجز
torre (f) de vigia	burʒ muraqaba (m)	برج مراقبة
hospital (m)	mustaʃfa ʿaskariy (m)	مستشفى عسكريّ
ferir (vt)	ʒaraḥ	جرح
ferida (f)	ʒurḥ (m)	جرح
ferido (m)	ʒarīḥ (m)	جريح
ficar ferido	uṣīb bil ʒirāḥ	أصيب بالجراح
grave (ferida ~)	χaṭīr	خطير

113. Guerra. Ações militares. Parte 2

cativeiro (m)	asr (m)	أسر
capturar (vt)	asar	أسر
estar em cativeiro	kān asīran	كان أسيرًا
ser aprisionado	waqaʿ fil asr	وقع في الأسر
campo (m) de concentração	muʿaskar iʿtiqāl (m)	معسكر إعتقال
prisioneiro (m) de guerra	asīr (m)	أسير
escapar (vi)	harab	هرب
trair (vt)	χān	خان
traidor (m)	χāʾin (m)	خائن
traição (f)	χiyāna (f)	خيانة
fuzilar, executar (vt)	aʿdam ramyan bir raṣāṣ	أعدم رميًا بالرصاص
fuzilamento (m)	iʿdām ramyan bir raṣāṣ (m)	إعدام رميًا بالرصاص
equipamento (m)	al ʿitād al ʿaskariy (m)	العتاد العسكريّ
platina (f)	katāfa (f)	كتافة
máscara (f) antigás	qināʾ al ɣāz (m)	قناع الغاز
rádio (m)	ʒihāz lāsilkiy (m)	جهاز لاسلكيّ
cifra (f), código (m)	ʃifra (f)	شفرة
conspiração (f)	sirriyya (f)	سرّيّة
senha (f)	kalimat al murūr (f)	كلمة مرور
mina (f)	laɣm (m)	لغم
minar (vt)	laɣɣam	لغّم
campo (m) minado	ḥaql alɣām (m)	حقل ألغام
alarme (m) aéreo	inðār ʒawwiy (m)	إنذار جوّيّ
alarme (m)	inðār (m)	إنذار

sinal (m)	išāra (f)	إشارة
sinalizador (m)	išāra muḍīʾa (f)	إشارة مضيئة
estado-maior (m)	maqarr (m)	مقرّ
reconhecimento (m)	kaššāfat al istiṭlāʿ (f)	كشّافة الإستطلاع
situação (f)	waḍʿ (m)	وضع
relatório (m)	taqrīr (m)	تقرير
emboscada (f)	kamīn (m)	كمين
reforço (m)	imdādāt ʿaskariyya (pl)	إمدادات عسكريّة
alvo (m)	hadaf (m)	هدف
campo (m) de tiro	ḥaql taǧārib (m)	حقل تجارب
manobras (f pl)	munāwarāt ʿaskariyya (pl)	مناورات عسكريّة
pânico (m)	ðuʿr (m)	ذعر
devastação (f)	damār (m)	دمار
ruínas (f pl)	ḥiṭām (pl)	حطام
destruir (vt)	dammar	دمّر
sobreviver (vi)	naǧa	نجا
desarmar (vt)	ǧarrad min as silāḥ	جرّد من السلاح
manusear (vt)	istaʿmal	إستعمل
Firmes!	intibāh!	إنتباه!
Descansar!	istariḥ!	إسترح!
façanha (f)	maʾθara (f)	مأثرة
juramento (m)	qasam (m)	قسم
jurar (vi)	aqsam	أقسم
condecoração (f)	wisām (m)	وسام
condecorar (vt)	manaḥ	منح
medalha (f)	midāliyya (f)	ميداليّة
ordem (f)	wisām ʿaskariy (m)	وسام عسكريّ
vitória (f)	intiṣār - fawz (m)	إنتصار، فوز
derrota (f)	hazīma (f)	هزيمة
armistício (m)	hudna (f)	هدنة
bandeira (f)	rāyat al maʿraka (f)	راية المعركة
glória (f)	maǧd (m)	مجد
desfile (m) militar	istiʿrāḍ ʿaskariy (m)	إستعراض عسكريّ
marchar (vi)	sār	سار

114. Armas

arma (f)	asliḥa (pl)	أسلحة
arma (f) de fogo	asliḥa nāriyya (pl)	أسلحة ناريّة
arma (f) branca	asliḥa bayḍāʾ (pl)	أسلحة بيضاء
arma (f) química	asliḥa kīmyāʾiyya (pl)	أسلحة كيميائيّة
nuclear	nawawiy	نوويّ
arma (f) nuclear	asliḥa nawawiyya (pl)	أسلحة نوويّة
bomba (f)	qumbula (f)	قنبلة

bomba (f) atómica	qumbula nawawiyya (f)	قنبلة نوويّة
pistola (f)	musaddas (m)	مسدّس
caçadeira (f)	bunduqiyya (f)	بندقيّة
pistola-metralhadora (f)	bunduqiyya huʒūmiyya (f)	بندقيّة هجوميّة
metralhadora (f)	raʃʃāʃ (m)	رشّاش

boca (f)	fūha (f)	فوهة
cano (m)	sabṭāna (f)	سبطانة
calibre (m)	ʿiyār (m)	عيار

gatilho (m)	zinād (m)	زناد
mira (f)	muṣawwib (m)	مصوّب
carregador (m)	maxzan (m)	مخزن
coronha (f)	ʿaqab al bunduqiyya (m)	عقب البندقيّة

granada (f) de mão	qumbula yadawiyya (f)	قنبلة يدويّة
explosivo (m)	mawādd mutafaʒʒira (pl)	موادّ متفجّرة

bala (f)	ruṣāṣa (f)	رصاصة
cartucho (m)	xarṭūʃa (f)	خرطوشة
carga (f)	haʃwa (f)	حشوة
munições (f pl)	ðaxāʾir (pl)	ذخائر

bombardeiro (m)	qāðifat qanābil (f)	قاذفة قنابل
avião (m) de caça	ṭāʾira muqātila (f)	طائرة مقاتلة
helicóptero (m)	hiliukūbtir (m)	هليكوبتر

canhão (m) antiaéreo	madfaθ muḍādd liṭ ṭaʾirāṭ (m)	مدفع مضادّ للطائرات
tanque (m)	dabbāba (f)	دبّابة
canhão (de um tanque)	madfaʿ ad dabbāba (m)	مدفع الدبّابة

artilharia (f)	madfaʿiyya (f)	مدفعيّة
canhão (m)	madfaʿ (m)	مدفع
fazer a pontaria	ṣawwab	صوّب

obus (m)	qaðīfa (f)	قذيفة
granada (f) de morteiro	qumbula hāwun (f)	قنبلة هاون
morteiro (m)	hāwun (m)	هاون
estilhaço (m)	ʃaẓiyya (f)	شظيّة

submarino (m)	ɣawwāṣa (f)	غوّاصة
torpedo (m)	ṭurbīd (m)	طوربيد
míssil (m)	ṣārūx (m)	صاروخ

carregar (uma arma)	haʃa	حشا
atirar, disparar (vi)	aṭlaq an nār	أطلق النار
apontar para ...	ṣawwab	صوّب
baioneta (f)	harba (f)	حربة

espada (f)	ʃīʃ (m)	شيش
sabre (m)	sayf munhani (m)	سيف منحني
lança (f)	rumh (m)	رمح
arco (m)	qaws (m)	قوس
flecha (f)	sahm (m)	سهم
mosquete (m)	muskīt (m)	مسكيت
besta (f)	qaws mustaʿraḍ (m)	قوس مستعرض

115. Povos da antiguidade

primitivo	bidā'iy	بدائيّ
pré-histórico	ma qabl at tarīx	ما قبل التاريخ
antigo	qadīm	قديم
Idade (f) da Pedra	al ʻaṣr al ḥaʒariy (m)	العصر الحجريّ
Idade (f) do Bronze	al ʻaṣr al brunziy (m)	العصر البرونزيّ
período (m) glacial	al ʻaṣr al ʒalīdiy (m)	العصر الجليديّ
tribo (f)	qabīla (f)	قبيلة
canibal (m)	'ākil laḥm al baʃar (m)	آكل لحم البشر
caçador (m)	ṣayyād (m)	صيّاد
caçar (vi)	iṣṭād	إصطاد
mamute (m)	mamūθ (m)	ماموث
caverna (f)	kahf (m)	كهف
fogo (m)	nār (f)	نار
fogueira (f)	nār muxayyam (m)	نار مخيّم
pintura (f) rupestre	rasm fil kahf (m)	رسم في الكهف
ferramenta (f)	adāt (f)	أداة
lança (f)	rumḥ (m)	رمح
machado (m) de pedra	fa's ḥaʒariy (m)	فأس حجريّ
guerrear (vt)	ḥārab	حارب
domesticar (vt)	daʒʒan	دجّن
ídolo (m)	ṣanam (m)	صنم
adorar, venerar (vt)	ʻabad	عبد
superstição (f)	xurāfa (f)	خرافة
ritual (m)	mansak (m)	منسك
evolução (f)	taṭawwur (m)	تطوّر
desenvolvimento (m)	numuww (m)	نموّ
desaparecimento (m)	ixtifā' (m)	إختفاء
adaptar-se (vr)	takayyaf	تكيّف
arqueologia (f)	ʻilm al 'āθār (m)	علم الآثار
arqueólogo (m)	ʻālim 'āθār (m)	عالم آثار
arqueológico	aθariy	أثريّ
local (m) das escavações	mawqiʻ ḥafr (m)	موقع حفر
escavações (f pl)	tanqīb (m)	تنقيب
achado (m)	iktiʃāf (m)	إكتشاف
fragmento (m)	qiṭʻa (f)	قطعة

116. Idade média

povo (m)	ʃaʻb (m)	شعب
povos (m pl)	ʃuʻūb (pl)	شعوب
tribo (f)	qabīla (f)	قبيلة
tribos (f pl)	qabā'il (pl)	قبائل
bárbaros (m pl)	al barābira (pl)	البرابرة

gauleses (m pl)	al ɣalyūn (pl)	الغاليون
godos (m pl)	al qūṭiyyūn (pl)	القوطيّون
eslavos (m pl)	as silāf (pl)	السلاف
víquingues (m pl)	al vaykinɣ (pl)	الفايكينغ
romanos (m pl)	ar rūmān (pl)	الرومان
romano	rumāniy	رومانيّ
bizantinos (m pl)	bizanṭiyyūn (pl)	بيزنطيّون
Bizâncio	bīzanṭa (f)	بيزنطة
bizantino	bizanṭiy	بيزنطيّ
imperador (m)	imbiraṭūr (m)	إمبراطور
líder (m)	za'īm (m)	زعيم
poderoso	qawiy	قويّ
rei (m)	malik (m)	ملك
governante (m)	ḥākim (m)	حاكم
cavaleiro (m)	fāris (m)	فارس
senhor feudal (m)	iqṭā'iy (m)	إقطاعيّ
feudal	iqṭā'iy	إقطاعيّ
vassalo (m)	muqṭa' (m)	مقطع
duque (m)	dūq (m)	دوق
conde (m)	īrl (m)	إيرل
barão (m)	barūn (m)	بارون
bispo (m)	usquf (m)	أسقف
armadura (f)	dir' (m)	درع
escudo (m)	turs (m)	ترس
espada (f)	sayf (m)	سيف
viseira (f)	ḥāffa amāmiyya lil xūða (f)	حافّة أماميّة للخوذة
cota (f) de malha	dir' az zarad (m)	درع الزرد
cruzada (f)	ḥamla ṣalībiyya (f)	حملة صليبيّة
cruzado (m)	ṣalībiy (m)	صليبيّ
território (m)	arḍ (f)	أرض
atacar (vt)	haʒam	هجم
conquistar (vt)	fataḥ	فتح
ocupar, invadir (vt)	iḥtall	إحتلّ
assédio, sítio (m)	ḥiṣār (m)	حصار
sitiado	muḥāṣar	محاصر
assediar, sitiar (vt)	ḥāṣar	حاصر
inquisição (f)	maḥākim at taftīʃ (pl)	محاكم التفتيش
inquisidor (m)	mufattiʃ (m)	مفتّش
tortura (f)	ta'ðīb (m)	تعذيب
cruel	qās	قاس
herege (m)	harṭūqiy (m)	هرطوقيّ
heresia (f)	harṭaqa (f)	هرطقة
navegação (f) marítima	as safar bil baḥr (m)	السفر بالبحر
pirata (m)	qurṣān (m)	قرصان
pirataria (f)	qarṣana (f)	قرصنة

abordagem (f)	muhāʒmat safīna (f)	مهاجمة سفينة
presa (f), butim (m)	ɣanīma (f)	غنيمة
tesouros (m pl)	kunūz (pl)	كنوز
descobrimento (m)	iktiʃāf (m)	إكتشاف
descobrir (novas terras)	iktaʃaf	إكتشف
expedição (f)	baʻθa (f)	بعثة
mosqueteiro (m)	fāris (m)	فارس
cardeal (m)	kardināl (m)	كاردينال
heráldica (f)	ʃiʻārāt an nabāla (pl)	شعارات النبالة
heráldico	χāṣṣ bi ʃiʻārāt an nabāla	خاصّ بشعارات النبالة

117. Líder. Chefe. Autoridades

rei (m)	malik (m)	ملك
rainha (f)	malika (f)	ملكة
real	malakiy	ملكيّ
reino (m)	mamlaka (f)	مملكة
príncipe (m)	amīr (m)	أمير
princesa (f)	amīra (f)	أميرة
presidente (m)	raʼīs (m)	رئيس
vice-presidente (m)	nāʼib ar raʼīs (m)	نائب الرئيس
senador (m)	ʻuḍw maʒlis aʃ ʃuyūχ (m)	عضو مجلس الشيوخ
monarca (m)	ʻāhil (m)	عاهل
governante (m)	ḥākim (m)	حاكم
ditador (m)	diktatūr (m)	ديكتاتور
tirano (m)	ṭāɣiya (f)	طاغية
magnata (m)	raʼsmāliy kabīr (m)	رأسمالي كبير
diretor (m)	mudīr (m)	مدير
chefe (m)	raʼīs (m)	رئيس
dirigente (m)	mudīr (m)	مدير
patrão (m)	raʼīs (m), mudīr (m)	رئيس، مدير
dono (m)	ṣāḥib (m)	صاحب
líder, chefe (m)	zaʻīm (m)	زعيم
chefe (~ de delegação)	raʼīs (m)	رئيس
autoridades (f pl)	suluṭāt (pl)	سلطات
superiores (m pl)	ruʼasāʼ (pl)	رؤساء
governador (m)	muḥāfiẓ (m)	محافظ
cônsul (m)	qunṣul (m)	قنصل
diplomata (m)	diblumāsiy (m)	دبلوماسيّ
Presidente (m) da Câmara	raʼīs al baladiyya (m)	رئيس البلديّة
xerife (m)	ʃarīf (m)	شريف
imperador (m)	imbiraṭūr (m)	إمبراطور
czar (m)	qayṣar (m)	قيصر
faraó (m)	firʻawn (m)	فرعون
cã (m)	χān (m)	خان

118. Viloação da lei. Criminosos. Parte 1

bandido (m)	qāṭi' ṭarīq (m)	قاطع طريق
crime (m)	ʒarīma (f)	جريمة
criminoso (m)	muʒrim (m)	مجرم

ladrão (m)	sāriq (m)	سارق
roubar (vt)	saraq	سرق
furto, roubo (m)	sirqa (f)	سرقة

raptar (ex. ~ uma criança)	χaṭaf	خطف
rapto (m)	χaṭf (m)	خطف
raptor (m)	χāṭif (m)	خاطف

resgate (m)	fidya (f)	فدية
pedir resgate	ṭalab fidya	طلب فدية

roubar (vt)	nahab	نهب
assalto, roubo (m)	nahb (m)	نهب
assaltante (m)	nahhāb (m)	نهّاب

extorquir (vt)	balṭaʒ	بلطج
extorsionário (m)	balṭaʒiy (m)	بلطجي
extorsão (f)	balṭaʒa (f)	بلطجة

matar, assassinar (vt)	qatal	قتل
homicídio (m)	qatl (m)	قتل
homicida, assassino (m)	qātil (m)	قاتل

tiro (m)	ṭalaqat nār (f)	طلقة نار
dar um tiro	aṭlaq an nār	أطلق النار
matar a tiro	qatal bir ruṣāṣ	قتل بالرصاص
atirar, disparar (vi)	aṭlaq an nār	أطلق النار
tiroteio (m)	iṭlāq an nār (m)	إطلاق النار

incidente (m)	ḥādiθ (m)	حادث
briga (~ de rua)	'irāk (m)	عراك
Socorro!	sā'idni	ساعدني!
vítima (f)	ḍaḥiyya (f)	ضحيّة

danificar (vt)	atlaf	أتلف
dano (m)	χasāra (f)	خسارة
cadáver (m)	ʒuθθa (f)	جثّة
grave	'anīf	عنيف

atacar (vt)	haʒam	هجم
bater (espancar)	ḍarab	ضرب
espancar (vt)	ḍarab	ضرب
tirar, roubar (dinheiro)	salab	سلب
esfaquear (vt)	ṭa'an ḥatta al mawt	طعن حتّى الموت
mutilar (vt)	ʃawwah	شوّه
ferir (vt)	ʒaraḥ	جرح

chantagem (f)	balṭaʒa (f)	بلطجة
chantagear (vt)	ibtazz	إبتزّ

chantagista (m)	mubtazz (m)	مبتزّ
extorsão (em troca de proteção)	naṣb (m)	نصب
extorsionário (m)	naṣṣāb (m)	نصّاب
gângster (m)	raʒul ʻiṣāba (m)	رجل عصابة
máfia (f)	māfia (f)	مافيا
carteirista (m)	naʃʃāl (m)	نشّال
assaltante, ladrão (m)	liṣṣ buyūt (m)	لصّ بيوت
contrabando (m)	tahrīb (m)	تهريب
contrabandista (m)	muharrib (m)	مهرّب
falsificação (f)	tazwīr (m)	تزوير
falsificar (vt)	zawwar	زوّر
falsificado	muzawwar	مزوّر

119. Viloação da lei. Criminosos. Parte 2

violação (f)	iɣtiṣāb (m)	إغتصاب
violar (vt)	iɣtaṣab	إغتصب
violador (m)	muɣtaṣib (m)	مغتصب
maníaco (m)	mahwūs (m)	مهووس
prostituta (f)	ʻāhira (f)	عاهرة
prostituição (f)	daʻāra (f)	دعارة
chulo (m)	qawwād (m)	قوّاد
toxicodependente (m)	mudmin muxaddirāt (m)	مدمن مخدّرات
traficante (m)	tāʒir muxaddirāt (m)	تاجر مخدّرات
explodir (vt)	faʒʒar	فجّر
explosão (f)	infiʒār (m)	إنفجار
incendiar (vt)	aʃʻal an nār	أشعل النار
incendiário (m)	muʃʻil ḥarīq (m)	مشعل حريق
terrorismo (m)	irhāb (m)	إرهاب
terrorista (m)	irhābiy (m)	إرهابيّ
refém (m)	rahīna (m)	رهينة
enganar (vt)	iḥtāl	إحتال
engano (m)	iḥtiyāl (m)	إحتيال
vigarista (m)	muḥtāl (m)	محتال
subornar (vt)	raʃa	رشا
suborno (atividade)	irtiʃāʼ (m)	إرتشاء
suborno (dinheiro)	raʃwa (f)	رشوة
veneno (m)	samm (m)	سمّ
envenenar (vt)	sammam	سمّم
envenenar-se (vr)	sammam nafsahu	سمّم نفسه
suicídio (m)	intiḥār (m)	إنتحار
suicida (m)	muntaḥir (m)	منتحر
ameaçar (vt)	haddad	هدّد

ameaça (f)	tahdīd (m)	تهديد
atentar contra a vida de ...	ḥāwal iχtiyāl	حاول الإغتيال
atentado (m)	muḥāwalat iχtiyāl (f)	محاولة إغتيال
roubar (o carro)	saraq	سرق
desviar (o avião)	iχtaṭaf	إختطف
vingança (f)	intiqām (m)	إنتقام
vingar (vt)	intaqam	إنتقم
torturar (vt)	'aðða̱b	عذّب
tortura (f)	ta'ðīb (m)	تعذيب
atormentar (vt)	'aðða̱b	عذّب
pirata (m)	qurṣān (m)	قرصان
desordeiro (m)	wabaʃ (m)	وبش
armado	musallaḥ	مسلّح
violência (f)	'unf (m)	عنف
ilegal	ɣayr qānūniy	غير قانونيّ
espionagem (f)	taʒassas (m)	تجسّس
espionar (vi)	taʒassas	تجسّس

120. Polícia. Lei. Parte 1

justiça (f)	qaḍā' (m)	قضاء
tribunal (m)	maḥkama (f)	محكمة
juiz (m)	qāḍi (m)	قاضٍ
jurados (m pl)	muḥallafūn (pl)	محلّفون
tribunal (m) do júri	qaḍā' al muḥallafīn (m)	قضاء المحلّفين
julgar (vt)	ḥakam	حكم
advogado (m)	muḥāmi (m)	محام
réu (m)	mudda'a 'alayh (m)	مدّعى عليه
banco (m) dos réus	qafṣ al ittihām (m)	قفص الإتّهام
acusação (f)	ittihām (m)	إتّهام
acusado (m)	muttaham (m)	متّهم
sentença (f)	ḥukm (m)	حكم
sentenciar (vt)	ḥakam	حكم
culpado (m)	muðnib (m)	مذنب
punir (vt)	'āqab	عاقب
punição (f)	'uqūba (f), 'iqāb (m)	عقوبة, عقاب
multa (f)	ɣarāma (f)	غرامة
prisão (f) perpétua	siʒn mada al ḥayāt (m)	سجن مدى الحياة
pena (f) de morte	'uqūbat 'i'dām (f)	عقوبة إعدام
cadeira (f) elétrica	kursiy kaharabā'iy (m)	كرسيّ كهربائيّ
forca (f)	maʃnaqa (f)	مشنقة
executar (vt)	a'dam	أعدم
execução (f)	i'dām (m)	إعدام

prisão (f)	siʒn (m)	سجن
cela (f) de prisão	zinzāna (f)	زنزانة
escolta (f)	ḥirāsa (f)	حراسة
guarda (m) prisional	ḥāris siʒn (m)	حارس سجن
preso (m)	saʒīn (m)	سجين
algemas (f pl)	aṣfād (pl)	أصفاد
algemar (vt)	ṣaffad	صفّد
fuga, evasão (f)	hurūb min as siʒn (m)	هروب من السجن
fugir (vi)	harab	هرب
desaparecer (vi)	ixtafa	إختفى
soltar, libertar (vt)	axla sabīl	أخلى سبيل
amnistia (f)	ʿafw ʿāmm (m)	عفو عامّ
polícia (instituição)	ʃurṭa (f)	شرطة
polícia (m)	ʃurṭiy (m)	شرطيّ
esquadra (f) de polícia	qism ʃurṭa (m)	قسم شرطة
cassetete (m)	hirāwat aʃ ʃurṭiy (f)	هراوة الشرطيّ
megafone (m)	būq (m)	بوق
carro (m) de patrulha	sayyārat dawrīyyāt (f)	سيّارة دوريّات
sirene (f)	ṣaffārat inðār (f)	صفّارة إنذار
ligar a sirene	aṭlaq sirīna	أطلق سرينة
toque (m) da sirene	ṣawt sirīna (m)	صوت سرينة
cena (f) do crime	masraḥ al ʒarīma (m)	مسرح الجريمة
testemunha (f)	ʃāhid (m)	شاهد
liberdade (f)	ḥurriyya (f)	حرّيّة
cúmplice (m)	ʃarīk fil ʒarīma (m)	شريك في الجريمة
escapar (vi)	harab	هرب
traço (não deixar ~s)	aθar (m)	أثر

121. Polícia. Lei. Parte 2

procura (f)	baḥθ (m)	بحث
procurar (vt)	baḥaθ	بحث
suspeita (f)	ʃubha (f)	شبهة
suspeito	maʃbūh	مشبوه
parar (vt)	awqaf	أوقف
deter (vt)	iʿtaqal	إعتقل
caso (criminal)	qaḍiyya (f)	قضيّة
investigação (f)	taḥqīq (m)	تحقيق
detetive (m)	muḥaqqiq (m)	محقّق
investigador (m)	mufattiʃ (m)	مفتّش
versão (f)	riwāya (f)	رواية
motivo (m)	dāfiʿ (m)	دافع
interrogatório (m)	istiʒwāb (m)	إستجواب
interrogar (vt)	istaʒwab	إستجوب
questionar (vt)	istanṭaq	إستنطق
verificação (f)	faḥṣ (m)	فحص

Português	Transliteração	Árabe
batida (f) policial	ʒamʿ (m)	جمع
busca (f)	taftīʃ (m)	تفتيش
perseguição (f)	muṭārada (f)	مطاردة
perseguir (vt)	ṭārad	طارد
seguir (vt)	tābaʿ	تابع
prisão (f)	iʿtiqāl (m)	إعتقال
prender (vt)	iʿtaqal	إعتقل
pegar, capturar (vt)	qabaḍ	قبض
captura (f)	qabḍ (m)	قبض
documento (m)	waθīqa (f)	وثيقة
prova (f)	dalīl (m)	دليل
provar (vt)	aθbat	أثبت
pegada (f)	baṣma (f)	بصمة
impressões (f pl) digitais	baṣamāt al aṣābiʿ (pl)	بصمات الأصابع
prova (f)	dalīl (m)	دليل
álibi (m)	dafʿ bil ɣayba (f)	دفع بالغيبة
inocente	barīʾ	بريء
injustiça (f)	ẓulm (m)	ظلم
injusto	ɣayr ʿādil	غير عادل
criminal	iʒrāmiy	إجراميّ
confiscar (vt)	ṣādar	صادر
droga (f)	muxaddirāt (pl)	مخدِّرات
arma (f)	silāḥ (m)	سلاح
desarmar (vt)	ʒarrad min as silāḥ	جرّد من السلاح
ordenar (vt)	amar	أمر
desaparecer (vi)	ixtafa	إختفى
lei (f)	qānūn (m)	قانون
legal	qānūniy, ʃarʿiy	قانونيّ، شرعيّ
ilegal	ɣayr qanūny, ɣayr ʃarʿi	غير قانونيّ، غير شرعيّ
responsabilidade (f)	masʾūliyya (f)	مسؤوليّة
responsável	masʾūl (m)	مسؤول

NATUREZA

A Terra. Parte 1

122. Espaço sideral

cosmos (m)	faḍā' (m)	فضاء
cósmico	faḍā'iy	فضائيّ
espaço (m) cósmico	faḍā' (m)	فضاء
mundo (m)	'ālam (m)	عالم
universo (m)	al kawn (m)	الكون
galáxia (f)	al maʒarra (f)	المجرّة
estrela (f)	naʒm (m)	نجم
constelação (f)	burʒ (m)	برج
planeta (m)	kawkab (m)	كوكب
satélite (m)	qamar ṣinā'iy (m)	قمر صناعيّ
meteorito (m)	haʒar nayzakiy (m)	حجر نيزكيّ
cometa (m)	muðannab (m)	مذنّب
asteroide (m)	kuwaykib (m)	كويكب
órbita (f)	madār (m)	مدار
girar (vi)	dār	دار
atmosfera (f)	al ɣilāf al ʒawwiy (m)	الغلاف الجوّيّ
Sol (m)	aʃ ʃams (f)	الشمس
Sistema (m) Solar	al maʒmū'a aʃ ʃamsiyya (f)	المجموعة الشمسيّة
eclipse (m) solar	kusūf aʃ ʃams (m)	كسوف الشمس
Terra (f)	al arḍ (f)	الأرض
Lua (f)	al qamar (m)	القمر
Marte (m)	al mirrīχ (m)	المرّيخ
Vénus (f)	az zahra (f)	الزهرة
Júpiter (m)	al muʃtari (m)	المشتري
Saturno (m)	zuḥal (m)	زحل
Mercúrio (m)	'aṭārid (m)	عطارد
Urano (m)	urānus (m)	اورانوس
Neptuno (m)	nibtūn (m)	نبتون
Plutão (m)	blūtu (m)	بلوتو
Via Láctea (f)	darb at tabbāna (m)	درب التبّانة
Ursa Maior (f)	ad dubb al akbar (m)	الدبّ الأكبر
Estrela Polar (f)	naʒm al 'quṭb (m)	نجم القطب
marciano (m)	sākin al mirrīχ (m)	ساكن المرّيخ
extraterrestre (m)	faḍā'iy (m)	فضائيّ

alienígena (m)	faḍā'iy (m)	فضائيّ
disco (m) voador	ṭabaq ṭā'ir (m)	طبق طائر
nave (f) espacial	markaba faḍā'iyya (f)	مركبة فضائيّة
estação (f) orbital	maḥaṭṭat faḍā' (f)	محطّة فضاء
lançamento (m)	intilāq (m)	إنطلاق
motor (m)	mutūr (m)	موتور
bocal (m)	manfaθ (m)	منفث
combustível (m)	wuqūd (m)	وقود
cabine (f)	kabīna (f)	كابينة
antena (f)	hawā'iy (m)	هوائيّ
vigia (f)	kuwwa mustadīra (f)	كوّة مستديرة
bateria (f) solar	lawḥ ʃamsiy (m)	لوح شمسيّ
traje (m) espacial	baðlat al faḍā' (f)	بذلة الفضاء
imponderabilidade (f)	in'idām al wazn (m)	إنعدام الوزن
oxigénio (m)	uksiʒīn (m)	أكسجين
acoplagem (f)	rasw (m)	رسو
fazer uma acoplagem	rasa	رسا
observatório (m)	marṣad (m)	مرصد
telescópio (m)	tiliskūp (m)	تلسكوب
observar (vt)	rāqab	راقب
explorar (vt)	istakʃaf	إستكشف

123. A Terra

Terra (f)	al arḍ (f)	الأرض
globo terrestre (Terra)	al kura al arḍiyya (f)	الكرة الأرضيّة
planeta (m)	kawkab (m)	كوكب
atmosfera (f)	al ɣilāf al ʒawwiy (m)	الغلاف الجوّيّ
geografia (f)	ʒuɣrāfiya (f)	جغرافيا
natureza (f)	ṭabīʕa (f)	طبيعة
globo (mapa esférico)	namūðaʒ lil kura al arḍiyya (m)	نموذج للكرة الأرضيّة
mapa (m)	xarīṭa (f)	خريطة
atlas (m)	aṭlas (m)	أطلس
Europa (f)	urūbba (f)	أوروبا
Ásia (f)	'āsiya (f)	آسيا
África (f)	afrīqiya (f)	أفريقيا
Austrália (f)	usturāliya (f)	أستراليا
América (f)	amrīka (f)	أمريكا
América (f) do Norte	amrīka aʃ ʃimāliyya (f)	أمريكا الشماليّة
América (f) do Sul	amrīka al ʒanūbiyya (f)	أمريكا الجنوبيّة
Antártida (f)	al quṭb al ʒanūbiy (m)	القطب الجنوبيّ
Ártico (m)	al quṭb aʃ ʃimāliy (m)	القطب الشماليّ

124. Pontos cardeais

norte (m)	ʃimāl (m)	شمال
para norte	ilaʃ ʃimāl	إلى الشمال
no norte	fiʃ ʃimāl	في الشمال
do norte	ʃimāliy	شماليَ
sul (m)	ʒanūb (m)	جنوب
para sul	ilal ʒanūb	إلى الجنوب
no sul	fil ʒanūb	في الجنوب
do sul	ʒanūbiy	جنوبيَ
oeste, ocidente (m)	ɣarb (m)	غرب
para oeste	ilal ɣarb	إلى الغرب
no oeste	fil ɣarb	في الغرب
ocidental	ɣarbiy	غربيَ
leste, oriente (m)	ʃarq (m)	شرق
para leste	ilaʃ ʃarq	إلى الشرق
no leste	fiʃ ʃarq	في الشرق
oriental	ʃarqiy	شرقيَ

125. Mar. Oceano

mar (m)	baḥr (m)	بحر
oceano (m)	muḥīṭ (m)	محيط
golfo (m)	xalīʒ (m)	خليج
estreito (m)	maḍīq (m)	مضيق
terra (f) firme	barr (m)	برّ
continente (m)	qārra (f)	قارة
ilha (f)	ʒazīra (f)	جزيرة
península (f)	ʃibh ʒazīra (f)	شبه جزيرة
arquipélago (m)	maʒmū'at ʒuzur (f)	مجموعة جزر
baía (f)	xalīʒ (m)	خليج
porto (m)	mīnā' (m)	ميناء
lagoa (f)	buḥayra ʃāṭi'a (f)	بحيرة شاطئة
cabo (m)	ra's (m)	رأس
atol (m)	ʒazīra marʒāniyya istiwā'iyya (f)	جزيرة مرجانيَة إستوائيَة
recife (m)	ʃi'āb (pl)	شعاب
coral (m)	murʒān (m)	مرجان
recife (m) de coral	ʃi'āb marʒāniyya (pl)	شعاب مرجانيَة
profundo	'amīq	عميق
profundidade (f)	'umq (m)	عمق
abismo (m)	mahwāt (f)	مهواة
fossa (f) oceânica	xandaq (m)	خندق
corrente (f)	tayyār (m)	تيَار
banhar (vt)	aḥāṭ	أحاط

| litoral (m) | sāḥil (m) | ساحل |
| costa (f) | sāḥil (m) | ساحل |

maré (f) alta	madd (m)	مدّ
refluxo (m), maré (f) baixa	ʒazr (m)	جزر
restinga (f)	miyāh ḍaḥla (f)	مياه ضحلة
fundo (m)	qāʿ (m)	قاع

onda (f)	mawʒa (f)	موجة
crista (f) da onda	qimmat mawʒa (f)	قمّة موجة
espuma (f)	zabad al baḥr (m)	زبد البحر

tempestade (f)	ʿāṣifa (f)	عاصفة
furacão (m)	iʿṣār (m)	إعصار
tsunami (m)	tsunāmi (m)	تسونامي
calmaria (f)	hudūʾ (m)	هدوء
calmo	hādiʾ	هادئ

| polo (m) | quṭb (m) | قطب |
| polar | quṭby | قطبي |

latitude (f)	ʿarḍ (m)	عرض
longitude (f)	ṭūl (m)	طول
paralela (f)	mutawāzi (m)	متواز
equador (m)	xaṭṭ al istiwāʾ (m)	خط الإستواء

céu (m)	samāʾ (f)	سماء
horizonte (m)	ufuq (m)	أفق
ar (m)	hawāʾ (m)	هواء

farol (m)	manāra (f)	منارة
mergulhar (vi)	ɣāṣ	غاص
afundar-se (vr)	ɣariq	غرق
tesouros (m pl)	kunūz (pl)	كنوز

126. Nomes de Mares e Oceanos

Oceano (m) Atlântico	al muḥīṭ al aṭlasiy (m)	المحيط الأطلسيّ
Oceano (m) Índico	al muḥīṭ al hindiy (m)	المحيط الهنديّ
Oceano (m) Pacífico	al muḥīṭ al hādiʾ (m)	المحيط الهادئ
Oceano (m) Ártico	al muḥīṭ il mutaʒammid aʃ ʃimāliy (m)	المحيط المتجمّد الشماليّ

Mar (m) Negro	al baḥr al aswad (m)	البحر الأسود
Mar (m) Vermelho	al baḥr al aḥmar (m)	البحر الأحمر
Mar (m) Amarelo	al baḥr al aṣfar (m)	البحر الأصفر
Mar (m) Branco	al baḥr al abyaḍ (m)	البحر الأبيض

Mar (m) Cáspio	baḥr qazwīn (m)	بحر قزوين
Mar (m) Morto	al baḥr al mayyit (m)	البحر الميّت
Mar (m) Mediterrâneo	al baḥr al abyaḍ al mutawassiṭ (m)	البحر الأبيض المتوسّط

| Mar (m) Egeu | baḥr īʒah (m) | بحر إيجة |
| Mar (m) Adriático | al baḥr al adriyatīkiy (m) | البحر الأدرياتيكيّ |

Mar (m) Arábico	bahr al ʿarab (m)	بحر العرب
Mar (m) do Japão	bahr al yabān (m)	بحر اليابان
Mar (m) de Bering	bahr birinʒ (m)	بحر بيرينغ
Mar (m) da China Meridional	bahr aṣ ṣīn al ʒanūbiy (m)	بحر الصين الجنوبيّ
Mar (m) de Coral	bahr al marʒān (m)	بحر المرجان
Mar (m) de Tasman	bahr tasmān (m)	بحر تسمان
Mar (m) do Caribe	al bahr al karībiy (m)	البحر الكاريبيّ
Mar (m) de Barents	bahr barints (m)	بحر بارينس
Mar (m) de Kara	bahr kara (m)	بحر كارا
Mar (m) do Norte	bahr aʃ ʃimāl (m)	بحر الشمال
Mar (m) Báltico	al bahr al baltīq (m)	البحر البلطيق
Mar (m) da Noruega	bahr an narwīʒ (m)	بحر النرويج

127. Montanhas

montanha (f)	ʒabal (m)	جبل
cordilheira (f)	silsilat ʒibāl (f)	سلسلة جبال
serra (f)	qimam ʒabaliyya (pl)	قمم جبليّة
cume (m)	qimma (f)	قمّة
pico (m)	qimma (f)	قمّة
sopé (m)	asfal (m)	أسفل
declive (m)	munhadar (m)	منحدر
vulcão (m)	burkān (m)	بركان
vulcão (m) ativo	burkān naʃiṭ (m)	بركان نشط
vulcão (m) extinto	burkān xāmid (m)	بركان خامد
erupção (f)	θawrān (m)	ثوران
cratera (f)	fūhat al burkān (f)	فوهة البركان
magma (m)	māɣma (f)	ماغما
lava (f)	humam burkāniyya (pl)	حمم بركانيّة
fundido (lava ~a)	munṣahira	منصهرة
desfiladeiro (m)	talʿa (m)	تلعة
garganta (f)	wādi dayyiq (m)	واد ضيّق
fenda (f)	ʃaqq (m)	شقّ
precipício (m)	hāwiya (f)	هاوية
passo, colo (m)	mamarr ʒabaliy (m)	ممرّ جبليّ
planalto (m)	hadba (f)	هضبة
falésia (f)	ʒurf (m)	جرف
colina (f)	tall (m)	تلّ
glaciar (m)	nahr ʒalīdiy (m)	نهر جليديّ
queda (f) d'água	ʃallāl (m)	شلّال
géiser (m)	fawwāra hārra (m)	فوّارة حارّة
lago (m)	buhayra (f)	بحيرة
planície (f)	sahl (m)	سهل
paisagem (f)	manẓar ṭabīʿiy (m)	منظر طبيعيّ

eco (m)	ṣada (m)	صدى
alpinista (m)	mutasalliq al ʒibāl (m)	متسلق الجبال
escalador (m)	mutasalliq ṣuxūr (m)	متسلق صخور
conquistar (vt)	taɣallab ʿala	تغلّب على
subida, escalada (f)	tasalluq (m)	تسلّق

128. Nomes de montanhas

Alpes (m pl)	ʒibāl al alb (pl)	جبال الألب
monte Branco (m)	mūn blūn (m)	مون بلون
Pirineus (m pl)	ʒibāl al barānis (pl)	جبال البرانس
Cárpatos (m pl)	ʒibāl al karbāt (pl)	جبال الكاربات
montes (m pl) Urais	ʒibāl al ʾūrāl (pl)	جبال الأورال
Cáucaso (m)	ʒibāl al qawqāz (pl)	جبال القوقاز
Elbrus (m)	ʒabal ilbrūs (m)	جبل إلبروس
Altai (m)	ʒibāl altāy (pl)	جبال ألتاي
Tian Shan (m)	ʒibāl tian ʃan (pl)	جبال تيان شان
Pamir (m)	ʒibāl bamīr (pl)	جبال بامير
Himalaias (m pl)	himalāya (pl)	هيمالايا
monte (m) Everest	ʒabal ivirist (m)	جبل افرست
Cordilheira (f) dos Andes	ʒibāl al andīz (pl)	جبال الأنديز
Kilimanjaro (m)	ʒabal kilimanʒāru (m)	جبل كليمنجارو

129. Rios

rio (m)	nahr (m)	نهر
fonte, nascente (f)	ʿayn (m)	عين
leito (m) do rio	maʒra an nahr (m)	مجرى النهر
bacia (f)	ḥawḍ (m)	حوض
desaguar no …	ṣabb fi …	صبّ في…
afluente (m)	rāfid (m)	رافد
margem (do rio)	ḍiffa (f)	ضفّة
corrente (f)	tayyār (m)	تيّار
rio abaixo	f ittiʒāh maʒra an nahr	في إتجاه مجرى النهر
rio acima	ḍidd at tayyār	ضد التيّار
inundação (f)	ɣamr (m)	غمر
cheia (f)	fayaḍān (m)	فيضان
transbordar (vi)	fāḍ	فاض
inundar (vt)	ɣamar	غمر
banco (m) de areia	miyāh ḍaḥla (f)	مياه ضحلة
rápidos (m pl)	munḥadar an nahr (m)	منحدر النهر
barragem (f)	sadd (m)	سدّ
canal (m)	qanāt (f)	قناة
reservatório (m) de água	xazzān māʾiy (m)	خزّان مائيّ

eclusa (f)	hawīs (m)	هويس
corpo (m) de água	mastaḥ mā'iy (m)	مسطح مائيّ
pântano (m)	mustanqaʿ (m)	مستنقع
tremedal (m)	mustanqaʿ (m)	مستنقع
remoinho (m)	dawwāma (f)	دوّامة
arroio, regato (m)	ʒadwal mā'iy (m)	جدول مائيّ
potável	aʃʃurb	الشرب
doce (água)	ʿaðb	عذب
gelo (m)	ʒalīd (m)	جليد
congelar-se (vr)	taʒammad	تجمّد

130. Nomes de rios

rio Sena (m)	nahr as sīn (m)	نهر السين
rio Loire (m)	nahr al lua:r (m)	نهر اللوار
rio Tamisa (m)	nahr at tīmz (m)	نهر التيمز
rio Reno (m)	nahr ar rayn (m)	نهر الراين
rio Danúbio (m)	nahr ad danūb (m)	نهر الدانوب
rio Volga (m)	nahr al vulɣa (m)	نهر الفولغا
rio Don (m)	nahr ad dūn (m)	نهر الدون
rio Lena (m)	nahr līna (m)	نهر لينا
rio Amarelo (m)	an nahr al aṣfar (m)	النهر الأصفر
rio Yangtzé (m)	nahr al yanɣtsi (m)	نهر اليانغتسي
rio Mekong (m)	nahr al mikunɣ (m)	نهر الميكونغ
rio Ganges (m)	nahr al ɣānʒ (m)	نهر الغانج
rio Nilo (m)	nahr an nīl (m)	نهر النيل
rio Congo (m)	nahr al kunɣu (m)	نهر الكونغو
rio Cubango (m)	nahr ukavanʒu (m)	نهر اوكانانجو
rio Zambeze (m)	nahr az zambizi (m)	نهر الزمبيزي
rio Limpopo (m)	nahr limbubu (m)	نهر ليمبوبو
rio Mississípi (m)	nahr al mississibbi (m)	نهر الميسيسيبي

131. Floresta

floresta (f), bosque (m)	ɣāba (f)	غابة
florestal	ɣāba	غابة
mata (f) cerrada	ɣāba kaθīfa (f)	غابة كثيفة
arvoredo (m)	ɣāba ṣaɣīra (f)	غابة صغيرة
clareira (f)	minṭaqa uzīlat minha al aʃʒār (f)	منطقة أزيلت منها الأشجار
matagal (m)	aʒama (f)	أجمة
mato (m)	ʃuʒayrāt (pl)	شجيرات
vereda (f)	mamarr (m)	ممرّ
ravina (f)	wādi ḍayyiq (m)	واد ضيّق

Português	Transliteração	Árabe
árvore (f)	ʃaʒara (f)	شجرة
folha (f)	waraqa (f)	ورقة
folhagem (f)	waraq (m)	ورق
queda (f) das folhas	tasāquṭ al awrāq (m)	تساقط الأوراق
cair (vi)	saqaṭ	سقط
topo (m)	ra's (m)	رأس
ramo (m)	ɣuṣn (m)	غصن
galho (m)	ɣuṣn (m)	غصن
botão, rebento (m)	burʿum (m)	برعم
agulha (f)	ʃawka (f)	شوكة
pinha (f)	kūz aṣ ṣanawbar (m)	كوز الصنوبر
buraco (m) de árvore	ʒawf (m)	جوف
ninho (m)	ʿuʃʃ (m)	عشّ
toca (f)	ʒuḥr (m)	جحر
tronco (m)	ʒiðʿ (m)	جذع
raiz (f)	ʒiðr (m)	جذر
casca (f) de árvore	liḥā' (m)	لحاء
musgo (m)	ṭuḥlub (m)	طحلب
arrancar pela raiz	iqtalaʿ	إقتلع
cortar (vt)	qaṭaʿ	قطع
desflorestar (vt)	azāl al ɣābāt	أزال الغابات
toco, cepo (m)	ʒiðʿ aʃ ʃaʒara (m)	جذع الشجرة
fogueira (f)	nār muxayyam (m)	نار مخيّم
incêndio (m) florestal	ḥarīq ɣāba (m)	حريق غابة
apagar (vt)	aṭfa'	أطفأ
guarda-florestal (m)	ḥāris al ɣāba (m)	حارس الغابة
proteção (f)	ḥimāya (f)	حماية
proteger (a natureza)	ḥama	حمى
caçador (m) furtivo	sāriq aṣ ṣayd (m)	سارق الصيد
armadilha (f)	maʃyada (f)	مصيدة
colher (cogumelos, bagas)	ʒamaʿ	جمع
perder-se (vr)	tāh	تاه

132. Recursos naturais

Português	Transliteração	Árabe
recursos (m pl) naturais	θarawāt ṭabīʿiyya (pl)	ثروات طبيعيّة
minerais (m pl)	maʿādin (pl)	معادن
depósitos (m pl)	makāmin (pl)	مكامن
jazida (f)	ḥaql (m)	حقل
extrair (vt)	istaxraʒ	إستخرج
extração (f)	istixrāʒ (m)	إستخراج
minério (m)	xām (m)	خام
mina (f)	manʒam (m)	منجم
poço (m) de mina	manʒam (m)	منجم
mineiro (m)	ʿāmil manʒam (m)	عامل منجم

gás (m)	ɣāz (m)	غاز
gasoduto (m)	χaṭṭ anābīb ɣāz (m)	خط أنابيب غاز
petróleo (m)	nafṭ (m)	نفط
oleoduto (m)	anābīb an nafṭ (pl)	أنابيب النفط
poço (m) de petróleo	bi'r an nafṭ (m)	بئر النفط
torre (f) petrolífera	ḥaffāra (f)	حفّارة
petroleiro (m)	nāqilat an nafṭ (f)	ناقلة النفط
areia (f)	raml (m)	رمل
calcário (m)	ḥaʒar kalsiy (m)	حجر كلسيّ
cascalho (m)	ḥaṣa (m)	حصى
turfa (f)	χaθθ faḥm nabātiy (m)	خثّ فحم نباتيّ
argila (f)	ṭīn (m)	طين
carvão (m)	faḥm (m)	فحم
ferro (m)	ḥadīd (m)	حديد
ouro (m)	ðahab (m)	ذهب
prata (f)	fiḍḍa (f)	فضّة
níquel (m)	nikil (m)	نيكل
cobre (m)	nuḥās (m)	نحاس
zinco (m)	zink (m)	زنك
manganês (m)	manɣanīz (m)	منغنيز
mercúrio (m)	zi'baq (m)	زئبق
chumbo (m)	ruṣāṣ (m)	رصاص
mineral (m)	ma'dan (m)	معدن
cristal (m)	ballūra (f)	بلّورة
mármore (m)	ruχām (m)	رخام
urânio (m)	yurānuim (m)	يورانيوم

A Terra. Parte 2

133. Tempo

Português	Transliteração	Árabe
tempo (m)	ṭaqs (m)	طقس
previsão (f) do tempo	naʃra ʒawwiyya (f)	نشرة جوّية
temperatura (f)	ḥarāra (f)	حرارة
termómetro (m)	tirmūmitr (m)	ترمومتر
barómetro (m)	barūmitr (m)	باروميتر
húmido	raṭib	رطب
humidade (f)	ruṭūba (f)	رطوبة
calor (m)	ḥarāra (f)	حرارة
cálido	ḥārr	حارّ
está muito calor	al ʒaww ḥārr	الجوّ حارّ
está calor	al ʒaww dāfiʾ	الجوّ دافئ
quente	dāfiʾ	دافئ
está frio	al ʒaww bārid	الجوّ بارد
frio	bārid	بارد
sol (m)	ʃams (f)	شمس
brilhar (vi)	aḍāʾ	أضاء
de sol, ensolarado	muʃmis	مشمس
nascer (vi)	ʃaraq	شرق
pôr-se (vr)	ɣarab	غرب
nuvem (f)	saḥāba (f)	سحابة
nublado	ɣāʾim	غائم
nuvem (f) preta	saḥābat maṭar (f)	سحابة مطر
escuro, cinzento	ɣāʾim	غائم
chuva (f)	maṭar (m)	مطر
está a chover	innaha tamṭur	إنّها تمطر
chuvoso	mumṭir	ممطر
chuviscar (vi)	raðð	رذّ
chuva (f) torrencial	maṭar munhamir (f)	مطر منهمر
chuvada (f)	maṭar ɣazīr (m)	مطر غزير
forte (chuva)	ʃadīd	شديد
poça (f)	birka (f)	بركة
molhar-se (vr)	ibtall	إبتلّ
nevoeiro (m)	ḍabāb (m)	ضباب
de nevoeiro	muḍabbab	مضبّب
neve (f)	θalʒ (m)	ثلج
está a nevar	innaha taθluʒ	إنّها تثلج

134. Tempo extremo. Catástrofes naturais

trovoada (f)	'āṣifa ra'diyya (f)	عاصفة رعديّة
relâmpago (m)	barq (m)	برق
relampejar (vi)	baraq	برق
trovão (m)	ra'd (m)	رعد
trovejar (vi)	ra'ad	رعد
está a trovejar	tar'ad as samā'	ترعد السماء
granizo (m)	maṭar bard (m)	مطر برد
está a cair granizo	tamṭur as samā' bardan	تمطر السماء بردًا
inundar (vt)	ɣamar	غمر
inundação (f)	fayaḍān (m)	فيضان
terremoto (m)	zilzāl (m)	زلزال
abalo, tremor (m)	hazza arḍiyya (f)	هزّة أرضيّة
epicentro (m)	markaz az zilzāl (m)	مركز الزلزال
erupção (f)	θawrān (m)	ثوران
lava (f)	ḥumam burkāniyya (pl)	حمم بركانيّة
turbilhão, tornado (m)	i'ṣār (m)	إعصار
tufão (m)	ṭūfān (m)	طوفان
furacão (m)	i'ṣār (m)	إعصار
tempestade (f)	'āṣifa (f)	عاصفة
tsunami (m)	tsunāmi (m)	تسونامي
ciclone (m)	i'ṣār (m)	إعصار
mau tempo (m)	ṭaqs sayyi' (m)	طقس سيّء
incêndio (m)	ḥarīq (m)	حريق
catástrofe (f)	kāriθa (f)	كارثة
meteorito (m)	ḥaʒar nayzakiy (m)	حجر نيزكيّ
avalanche (f)	inhiyār θalʒiy (m)	إنهيار ثلجيّ
deslizamento (m) de neve	inhiyār θalʒiy (m)	إنهيار ثلجيّ
nevasca (f)	'āṣifa θalʒiyya (f)	عاصفة ثلجيّة
tempestade (f) de neve	'āṣifa θalʒiyya (f)	عاصفة ثلجيّة

Fauna

135. Mamíferos. Predadores

predador (m)	ḥayawān muftaris (m)	حيوان مفترس
tigre (m)	namir (m)	نمر
leão (m)	asad (m)	أسد
lobo (m)	ðiʾb (m)	ذئب
raposa (f)	θaʿlab (m)	ثعلب
jaguar (m)	namir amrīkiy (m)	نمر أمريكيّ
leopardo (m)	fahd (m)	فهد
chita (f)	namir ṣayyād (m)	نمر صيّاد
pantera (f)	namir aswad (m)	نمر أسود
puma (m)	būma (m)	بوما
leopardo-das-neves (m)	namir aθ θulūʒ (m)	نمر الثلوج
lince (m)	waʃaq (m)	وشق
coiote (m)	qayūṭ (m)	قيوط
chacal (m)	ibn ʾāwa (m)	ابن آوى
hiena (f)	ḍabuʿ (m)	ضبع

136. Animais selvagens

animal (m)	ḥayawān (m)	حيوان
besta (f)	ḥayawān (m)	حيوان
esquilo (m)	sinʒāb (m)	سنجاب
ouriço (m)	qumfuð (m)	قنفذ
lebre (f)	arnab barriy (m)	أرنب برّيّ
coelho (m)	arnab (m)	أرنب
texugo (m)	ɣarīr (m)	غرير
guaxinim (m)	rākūn (m)	راكون
hamster (m)	qidād (m)	قداد
marmota (f)	marmuṭ (m)	مرموط
toupeira (f)	xuld (m)	خلد
rato (m)	faʾr (m)	فأر
ratazana (f)	ʒurað (m)	جرذ
morcego (m)	xuffāʃ (m)	خفّاش
arminho (m)	qāqum (m)	قاقم
zibelina (f)	sammūr (m)	سمّور
marta (f)	dalaq (m)	دلق
doninha (f)	ibn ʿirs (m)	إبن عرس
vison (m)	mink (m)	منك

castor (m)	qundus (m)	قندس
lontra (f)	quḍā'a (f)	قضاعة
cavalo (m)	ḥiṣān (m)	حصان
alce (m)	mūz (m)	موظ
veado (m)	ayyil (m)	أيّل
camelo (m)	ʒamal (m)	جمل
bisão (m)	bisūn (m)	بيسون
auroque (m)	θawr barriy (m)	ثور برّيّ
búfalo (m)	ʒāmūs (m)	جاموس
zebra (f)	ḥimār zarad (m)	حمار زرد
antílope (m)	ẓabiy (m)	ظبي
corça (f)	yaḥmūr (m)	يحمور
gamo (m)	ayyil asmar urubbiy (m)	أيّل أسمر أوروبّيّ
camurça (f)	ʃamwāh (f)	شاموأه
javali (m)	xinzīr barriy (m)	خنزير برّيّ
baleia (f)	ḥūt (m)	حوت
foca (f)	fuqma (f)	فقمة
morsa (f)	fazz (m)	فظ
urso-marinho (m)	fuqmat al firā' (f)	فقمة الفراء
golfinho (m)	dilfīn (m)	دلفين
urso (m)	dubb (m)	دبّ
urso (m) branco	dubb quṭbiy (m)	دبّ قطبيّ
panda (m)	bānda (m)	باندا
macaco (em geral)	qird (m)	قرد
chimpanzé (m)	ʃimbanzi (m)	شيمبانزي
orangotango (m)	urangutān (m)	أورنغوتان
gorila (m)	ɣurīlla (f)	غوريلا
macaco (m)	qird al makāk (m)	قرد المكاك
gibão (m)	ʒibbūn (m)	جيبون
elefante (m)	fīl (m)	فيل
rinoceronte (m)	xartīt (m)	خرتيت
girafa (f)	zarāfa (f)	زرافة
hipopótamo (m)	faras an nahr (m)	فرس النهر
canguru (m)	kanɣar (m)	كنغر
coala (m)	kuala (m)	كوالا
mangusto (m)	nims (m)	نمس
chinchila (f)	ʃinʃīla (f)	شنشيلة
doninha-fedorenta (f)	ẓaribān (m)	ظربان
porco-espinho (m)	nīṣ (m)	نيص

137. Animais domésticos

gata (f)	qiṭṭa (f)	قطّة
gato (m) macho	ðakar al qiṭṭ (m)	ذكر القطّ
cão (m)	kalb (m)	كلب

Português	Transliteração	Árabe
cavalo (m)	ḥiṣān (m)	حصان
garanhão (m)	faḥl al ḫayl (m)	فحل الخيل
égua (f)	unθa al faras (f)	أنثى الفرس
vaca (f)	baqara (f)	بقرة
touro (m)	θawr (m)	ثور
boi (m)	θawr (m)	ثور
ovelha (f)	ḫarūf (f)	خروف
carneiro (m)	kabʃ (m)	كبش
cabra (f)	māʿiz (m)	ماعز
bode (m)	ðakar al māʿið (m)	ذكر الماعز
burro (m)	ḥimār (m)	حمار
mula (f)	baɣl (m)	بغل
porco (m)	ḫinzīr (m)	خنزير
leitão (m)	ḫannūṣ (m)	خنوص
coelho (m)	arnab (m)	أرنب
galinha (f)	daʒāʒa (f)	دجاجة
galo (m)	dīk (m)	ديك
pata (f)	baṭṭa (f)	بطة
pato (macho)	ðakar al baṭṭ (m)	ذكر البط
ganso (m)	iwazza (f)	إوزّة
peru (m)	dīk rūmiy (m)	ديك رومي
perua (f)	daʒāʒ rūmiy (m)	دجاج رومي
animais (m pl) domésticos	ḥayawānāt dawāʒin (pl)	حيوانات دواجن
domesticado	alīf	أليف
domesticar (vt)	allaf	ألف
criar (vt)	rabba	ربّى
quinta (f)	mazraʿa (f)	مزرعة
aves (f pl) domésticas	ṭuyūr dāʒina (pl)	طيور داجنة
gado (m)	māʃiya (f)	ماشية
rebanho (m), manada (f)	qaṭīʿ (m)	قطيع
estábulo (m)	isṭabl ḫayl (m)	إسطبل خيل
pocilga (f)	ḥaẓīrat al ḫanāzīr (f)	حظيرة الخنازير
estábulo (m)	ziñbat al baqar (f)	زريبة البقر
coelheira (f)	qunn al arānib (m)	قنّ الأرانب
galinheiro (m)	qunn ad daʒāʒ (m)	قن الدجاج

138. Pássaros

Português	Transliteração	Árabe
pássaro (m), ave (f)	ṭāʾir (m)	طائر
pombo (m)	ḥamāma (f)	حمامة
pardal (m)	ʿuṣfūr (m)	عصفور
chapim-real (m)	qurquf (m)	قرقف
pega-rabuda (f)	ʿaqʿaq (m)	عقعق
corvo (m)	ɣurāb aswad (m)	غراب أسود

gralha (f) cinzenta	ɣurāb (m)	غراب
gralha-de-nuca-cinzenta (f)	zāɣ (m)	زاغ
gralha-calva (f)	ɣurāb al qayẓ (m)	غراب القيظ
pato (m)	baṭṭa (f)	بطّة
ganso (m)	iwazza (f)	إوزّة
faisão (m)	tadarruʒ (m)	تدرج
águia (f)	nasr (m)	نسر
açor (m)	bāz (m)	باز
falcão (m)	ṣaqr (m)	صقر
abutre (m)	raχam (m)	رخم
condor (m)	kundūr (m)	كندور
cisne (m)	timma (m)	تمّة
grou (m)	kurkiy (m)	كركي
cegonha (f)	laqlaq (m)	لقلق
papagaio (m)	babaɣā' (m)	ببغاء
beija-flor (m)	ṭannān (m)	طنّان
pavão (m)	ṭāwūs (m)	طاووس
avestruz (m)	naʿāma (f)	نعامة
garça (f)	balaʃūn (m)	بلشون
flamingo (m)	nuḥām wardiy (m)	نحام وردي
pelicano (m)	baʒaʿa (f)	بجعة
rouxinol (m)	bulbul (m)	بلبل
andorinha (f)	sunūnū (m)	سنونو
tordo-zornal (m)	sumna (m)	سمنة
tordo-músico (m)	summuna muɣarrida (m)	سمنة مغرّدة
melro-preto (m)	ʃaḥrūr aswad (m)	شحرور أسود
andorinhão (m)	samāma (m)	سمامة
cotovia (f)	qubbara (f)	قبّرة
codorna (f)	sammān (m)	سمّان
pica-pau (m)	naqqār al χaʃab (m)	نقّار الخشب
cuco (m)	waqwāq (m)	وقواق
coruja (f)	būma (f)	بومة
corujão, bufo (m)	būm urāsiy (m)	بوم أوراسيّ
tetraz-grande (m)	dīk il χalanʒ (m)	ديك الخلنج
tetraz-lira (m)	ṭayhūʒ aswad (m)	طيهوج أسود
perdiz-cinzenta (f)	ḥaʒal (m)	حجل
estorninho (m)	zurzūr (m)	زرزور
canário (m)	kanāriy (m)	كناريّ
galinha-do-mato (f)	ṭayhūʒ il bunduq (m)	طيهوج البندق
tentilhão (m)	ʃurʃūr (m)	شرشور
dom-fafe (m)	diɣnāʃ (m)	دغناش
gaivota (f)	nawras (m)	نورس
albatroz (m)	al qaṭras (m)	القطرس
pinguim (m)	biṭrīq (m)	بطريق

139. Peixes. Animais marinhos

Português	Transliteração	Árabe
brema (f)	abramīs (m)	أبراميس
carpa (f)	ʃabbūṭ (m)	شبّوط
perca (f)	farχ (m)	فرخ
siluro (m)	qarmūṭ (m)	قرموط
lúcio (m)	samak al karāki (m)	سمك الكراكي
salmão (m)	salmūn (m)	سلمون
esturjão (m)	ḥaffʃ (m)	حفش
arenque (m)	rinʒa (f)	رنجة
salmão (m)	salmūn aṭlasiy (m)	سلمون أطلسيّ
cavala, sarda (f)	usqumriy (m)	أسقمريّ
solha (f)	samak mufalṭaḥ (f)	سمك مفلطح
lúcio perca (m)	samak sandar (m)	سمك سندر
bacalhau (m)	qudd (m)	قدّ
atum (m)	tūna (f)	تونة
truta (f)	salmūn muraqqaṭ (m)	سلمون مرقّط
enguia (f)	ḥankalīs (m)	حنكليس
raia elétrica (f)	ra''ād (m)	رعّاد
moreia (f)	murāy (m)	موراي
piranha (f)	birāna (f)	بيرانا
tubarão (m)	qirʃ (m)	قرش
golfinho (m)	dilfīn (m)	دلفين
baleia (f)	ḥūt (m)	حوت
caranguejo (m)	salṭaʻūn (m)	سلطعون
medusa, alforreca (f)	qindīl al baḥr (m)	قنديل البحر
polvo (m)	uχṭubūṭ (m)	أخطبوط
estrela-do-mar (f)	naʒmat al baḥr (f)	نجمة البحر
ouriço-do-mar (m)	qumfuð al baḥr (m)	قنفذ البحر
cavalo-marinho (m)	ḥiṣān al baḥr (m)	فرس البحر
ostra (f)	maḥār (m)	محار
camarão (m)	ʒambari (m)	جمبريّ
lavagante (m)	istakūza (f)	إستكوزا
lagosta (f)	karkand ʃāik (m)	كركند شائك

140. Amfíbios. Répteis

Português	Transliteração	Árabe
serpente, cobra (f)	θuʻbān (m)	ثعبان
venenoso	sāmm	سامّ
víbora (f)	afʻa (f)	أفعى
cobra-capelo, naja (f)	kūbra (m)	كوبرا
pitão (m)	biθūn (m)	بيثون
jiboia (f)	buwāʼ (f)	بواء
cobra-de-água (f)	θuʻbān al ʻuʃb (m)	ثعبان العشب

cascavel (f)	afʿa al ʒalʒala (f)	أفعى الجلجلة
anaconda (f)	anakūnda (f)	أناكوندا
lagarto (m)	siḥliyya (f)	سحليّة
iguana (f)	iɣwāna (f)	إغوانة
varano (m)	waral (m)	ورل
salamandra (f)	samandar (m)	سمندر
camaleão (m)	ḥirbāʾ (f)	حرباء
escorpião (m)	ʿaqrab (m)	عقرب
tartaruga (f)	sulaḥfāt (f)	سلحفاة
rã (f)	ḍifḍaʿ (m)	ضفدع
sapo (m)	ḍifḍaʿ aṭ ṭīn (m)	ضفدع الطين
crocodilo (m)	timsāḥ (m)	تمساح

141. Insetos

inseto (m)	ḥaʃara (f)	حشرة
borboleta (f)	farāʃa (f)	فراشة
formiga (f)	namla (f)	نملة
mosca (f)	ðubāba (f)	ذبابة
mosquito (m)	namūsa (f)	ناموسة
escaravelho (m)	xunfusa (f)	خنفسة
vespa (f)	dabbūr (m)	دبّور
abelha (f)	naḥla (f)	نحلة
mamangava (f)	naḥla ṭannāna (f)	نحلة طنّانة
moscardo (m)	naʿra (f)	نعرة
aranha (f)	ʿankabūt (m)	عنكبوت
teia (f) de aranha	nasīʒ ʿankabūt (m)	نسيج عنكبوت
libélula (f)	yaʿsūb (m)	يعسوب
gafanhoto-do-campo (m)	ʒarād (m)	جراد
traça (f)	ʿitta (f)	عتّة
barata (f)	ṣurṣūr (m)	صرصور
carraça (f)	qurāda (f)	قرادة
pulga (f)	burɣūθ (m)	برغوث
borrachudo (m)	baʿūḍa (f)	بعوضة
gafanhoto (m)	ʒarād (m)	جراد
caracol (m)	ḥalzūn (m)	حلزون
grilo (m)	ṣarrār al layl (m)	صرّار الليل
pirilampo (m)	yarāʿa muḍīʾa (f)	يراعة مضيئة
joaninha (f)	daʿsūqa (f)	دعسوقة
besouro (m)	xunfusa kabīra (f)	خنفسة كبيرة
sanguessuga (f)	ʿalaqa (f)	علقة
lagarta (f)	yasrūʿ (m)	يسروع
minhoca (f)	dūda (f)	دودة
larva (f)	yaraqa (f)	يرقة

Flora

142. Árvores

Português	Transliteração	Árabe
árvore (f)	ʃaʒara (f)	شجرة
decídua	nafḍiyya	نفضيّة
conífera	ṣanawbariyya	صنوبريّة
perene	dā'imat al xuḍra	دائمة الخضرة
macieira (f)	ʃaʒarat tuffāḥ (f)	شجرة تفّاح
pereira (f)	ʃaʒarat kummaθra (f)	شجرة كمّثرى
cerejeira, ginjeira (f)	ʃaʒarat karaz (f)	شجرة كرز
ameixeira (f)	ʃaʒarat barqūq (f)	شجرة برقوق
bétula (f)	batūla (f)	بتولا
carvalho (m)	ballūṭ (f)	بلّوط
tília (f)	ʃaʒarat zayzafūn (f)	شجرة زيزفون
choupo-tremedor (m)	ḥawr raʒrāʒ (m)	حور رجراج
bordo (m)	qayqab (f)	قيقب
espruce-europeu (m)	ratinaʒ (f)	راتينج
pinheiro (m)	ṣanawbar (f)	صنوبر
alerce, lariço (m)	arziyya (f)	أرزيّة
abeto (m)	tannūb (f)	تنّوب
cedro (m)	arz (f)	أرز
choupo, álamo (m)	ḥawr (f)	حور
tramazeira (f)	ɣubayrā' (f)	غبيراء
salgueiro (m)	ṣafṣāf (f)	صفصاف
amieiro (m)	ʒār il mā' (m)	جار الماء
faia (f)	zān (m)	زان
ulmeiro (m)	dardār (f)	دردار
freixo (m)	marān (f)	مران
castanheiro (m)	kastanā' (f)	كستناء
magnólia (f)	maɣnūliya (f)	مغنوليا
palmeira (f)	naxla (f)	نخلة
cipreste (m)	sarw (f)	سرو
mangue (m)	ayka sāḥiliyya (f)	أيكة ساحليّة
embondeiro, baobá (m)	bāubāb (f)	باوباب
eucalipto (m)	ukaliptus (f)	أوكاليبتوس
sequoia (f)	siqūya (f)	سيكويا

143. Arbustos

Português	Transliteração	Árabe
arbusto (m)	ʃuʒayra (f)	شجيرة
arbusto (m), moita (f)	ʃuʒayrāt (pl)	شجيرات

videira (f)	karma (f)	كَرمة
vinhedo (m)	karam (m)	كَرم
framboeseira (f)	tūt al ʻullayq al aḥmar (m)	توت العُليق الأحمر
groselheira-vermelha (f)	kiʃmiʃ aḥmar (m)	كشمش أحمر
groselheira (f) espinhosa	ʻinab aθ θaʻlab (m)	عنب الثعلب
acácia (f)	sanṭ (f)	سنط
bérberis (f)	amīr barīs (m)	أمير باريس
jasmim (m)	yāsmīn (m)	ياسمين
junípero (m)	ʻarʻar (m)	عرعر
roseira (f)	ʃuʒayrat ward (f)	شجيرة ورد
roseira (f) brava	ward ʒabaliy (m)	ورد جبليّ

144. Frutos. Bagas

fruta (f)	θamra (f)	ثمرة
frutas (f pl)	θamr (m)	ثمر
maçã (f)	tuffāḥa (f)	تفّاحة
pera (f)	kummaθra (f)	كمّثرى
ameixa (f)	barqūq (m)	برقوق
morango (m)	farawla (f)	فراولة
ginja, cereja (f)	karaz (m)	كرز
uva (f)	ʻinab (m)	عنب
framboesa (f)	tūt al ʻullayq al aḥmar (m)	توت العُليق الأحمر
groselha (f) preta	ʻinab aθ θaʻlab al aswad (m)	عنب الثعلب الأسود
groselha (f) vermelha	kiʃmiʃ aḥmar (m)	كشمش أحمر
groselha (f) espinhosa	ʻinab aθ θaʻlab (m)	عنب الثعلب
oxicoco (m)	tūt aḥmar barriy (m)	توت أحمر برّيّ
laranja (f)	burtuqāl (m)	برتقال
tangerina (f)	yūsufiy (m)	يوسفي
ananás (m)	ananās (m)	أناناس
banana (f)	mawz (m)	موز
tâmara (f)	tamr (m)	تمر
limão (m)	laymūn (m)	ليمون
damasco (m)	miʃmiʃ (f)	مشمش
pêssego (m)	durrāq (m)	دراق
kiwi (m)	kiwi (m)	كيوي
toranja (f)	zinbāʻ (m)	زنباع
baga (f)	ḥabba (f)	حبّة
bagas (f pl)	ḥabbāt (pl)	حبّات
arando (m) vermelho	ʻinab aθ θawr (m)	عنب الثور
morango-silvestre (m)	farāwla barriyya (f)	فراولة برّيّة
mirtilo (m)	ʻinab al ahrāʒ (m)	عنب الأحراج

145. Flores. Plantas

flor (f)	zahra (f)	زهرة
ramo (m) de flores	bāqat zuhūr (f)	باقة زهور
rosa (f)	warda (f)	وردة
tulipa (f)	tulīb (f)	توليب
cravo (m)	qurumful (m)	قرنفل
gladíolo (m)	dalbūθ (f)	دلبوث
centáurea (f)	turunʃāh (m)	ترنشاه
campânula (f)	ʒarīs (m)	جريس
dente-de-leão (m)	hindibā' (f)	هندباء
camomila (f)	babunʒ (m)	بابونج
aloé (m)	aluwwa (m)	أَلِوَة
cato (m)	ṣabbār (m)	صبّار
fícus (m)	tīn (m)	تين
lírio (m)	sawsan (m)	سوسن
gerânio (m)	ibrat ar rā'i (f)	إبرة الراعي
jacinto (m)	zanbaq (f)	زنبق
mimosa (f)	mimūza (f)	ميموزا
narciso (m)	narʒis (f)	نرجس
capuchinha (f)	abu χanʒar (f)	أبو خنجر
orquídea (f)	saḥlab (f)	سحلب
peónia (f)	fawniya (f)	فاوانيا
violeta (f)	banafsaʒ (f)	بنفسج
amor-perfeito (m)	banafsaʒ muθallaθ (m)	بنفسج مثلث
não-me-esqueças (m)	'āðān al fa'r (pl)	آذان الفأر
margarida (f)	uqḥuwān (f)	أقحوان
papoula (f)	χaʃχāʃ (f)	خشخاش
cânhamo (m)	qinnab (m)	قنب
hortelã (f)	na'nā' (m)	نعناع
lírio-do-vale (m)	sawsan al wādi (m)	سوسن الوادي
campânula-branca (f)	zahrat al laban (f)	زهرة اللبن
urtiga (f)	qarrāṣ (m)	قرّاص
azeda (f)	ḥammāḍ (m)	حمّاض
nenúfar (m)	nilūfar (m)	نيلوفر
feto (m), samambaia (f)	saraχs (m)	سرخس
líquen (m)	uʃna (f)	أشنة
estufa (f)	daffa (f)	دفيئة
relvado (m)	'uʃb (m)	عشب
canteiro (m) de flores	ʒunaynat zuhūr (f)	جنينة زهور
planta (f)	nabāt (m)	نبات
erva (f)	'uʃb (m)	عشب
folha (f) de erva	'uʃba (f)	عشبة

folha (f)	waraqa (f)	ورقة
pétala (f)	waraqat az zahra (f)	ورقة الزهرة
talo (m)	sāq (f)	ساق
tubérculo (m)	darnat nabāt (f)	درنة نبات
broto, rebento (m)	nabta sayīra (f)	نبتة صغيرة
espinho (m)	ʃawka (f)	شوكة
florescer (vi)	nawwar	نوّر
murchar (vi)	ðabal	ذبل
cheiro (m)	rā'iḥa (f)	رائحة
cortar (flores)	qaṭaʽ	قطع
colher (uma flor)	qaṭaf	قطف

146. Cereais, grãos

grão (m)	ḥubūb (pl)	حبوب
cereais (plantas)	maḥāṣīl al ḥubūb (pl)	محاصيل الحبوب
espiga (f)	sumbula (f)	سنبلة
trigo (m)	qamḥ (m)	قمح
centeio (m)	ʒāwdār (m)	جاودار
aveia (f)	ʃūfān (m)	شوفان
milho-miúdo (m)	duxn (m)	دخن
cevada (f)	ʃaʽīr (m)	شعير
milho (m)	ðura (f)	ذرّة
arroz (m)	urz (m)	أرز
trigo-sarraceno (m)	ḥinṭa sawdā' (f)	حنطة سوداء
ervilha (f)	bisilla (f)	بسلّة
feijão (m)	faṣūliya (f)	فاصوليا
soja (f)	fūl aṣ ṣūya (m)	فول الصويا
lentilha (f)	ʽadas (m)	عدس
fava (f)	fūl (m)	فول

PAÍSES. NACIONALIDADES

147. Europa Ocidental

Europa (f)	urūbba (f)	أُورُوبَّا
União (f) Europeia	al ittiḥād al urubbiy (m)	الإِتّحاد الأُورُوبِيّ
Áustria (f)	an nimsa (f)	النمسا
Grã-Bretanha (f)	briṭāniya al ʿuẓma (f)	بريطانيا العظمى
Inglaterra (f)	inʒiltirra (f)	إنجلترا
Bélgica (f)	balʒīka (f)	بلجيكا
Alemanha (f)	almāniya (f)	ألمانيا
Países (m pl) Baixos	hulanda (f)	هولندا
Holanda (f)	hulanda (f)	هولندا
Grécia (f)	al yūnān (f)	اليونان
Dinamarca (f)	ad danimārk (f)	الدانمارك
Irlanda (f)	irlanda (f)	أيرلندا
Islândia (f)	'āyslanda (f)	آيسلندا
Espanha (f)	isbāniya (f)	إسبانيا
Itália (f)	iṭāliya (f)	إيطاليا
Chipre (m)	qubruṣ (f)	قبرص
Malta (f)	malṭa (f)	مالطا
Noruega (f)	an nirwīʒ (f)	النرويج
Portugal (m)	al burtuɣāl (f)	البرتغال
Finlândia (f)	finlanda (f)	فنلندا
França (f)	faransa (f)	فرنسا
Suécia (f)	as suwayd (f)	السويد
Suíça (f)	swīsra (f)	سويسرا
Escócia (f)	iskutlanda (f)	اسكتلندا
Vaticano (m)	al vatikān (m)	الفاتيكان
Liechtenstein (m)	liʃtinʃṭāyn (m)	ليشتنشتاين
Luxemburgo (m)	luksimburɣ (f)	لوكسمبورغ
Mónaco (m)	munāku (f)	موناكو

148. Europa Central e de Leste

Albânia (f)	albāniya (f)	ألبانيا
Bulgária (f)	bulɣāriya (f)	بلغاريا
Hungria (f)	al maʒar (f)	المجر
Letónia (f)	lātviya (f)	لاتفيا
Lituânia (f)	litwāniya (f)	ليتوانيا
Polónia (f)	bulanda (f)	بولندا

Roménia (f)	rumāniya (f)	رومانيا
Sérvia (f)	şirbiya (f)	صربيا
Eslováquia (f)	sluvākiya (f)	سلوفاكيا
Croácia (f)	kruātiya (f)	كرواتيا
República (f) Checa	atʃ tʃīk (f)	التشيك
Estónia (f)	istūniya (f)	إستونيا
Bósnia e Herzegovina (f)	al busna wal hirsuk (f)	البوسنة والهرسك
Macedónia (f)	maqdūniya (f)	مقدونيا
Eslovénia (f)	sluvīniya (f)	سلوفينيا
Montenegro (m)	al ʒabal al aswad (m)	الجبل الأسود

149. Países da ex-URSS

Azerbaijão (m)	aðarbiʒān (m)	أذربيجان
Arménia (f)	armīniya (f)	أرمينيا
Bielorrússia (f)	bilarūs (f)	بيلاروس
Geórgia (f)	ʒūrʒiya (f)	جورجيا
Cazaquistão (m)	kazaχstān (f)	كازاخستان
Quirguistão (m)	qirɣizistān (f)	قيرغيزستان
Moldávia (f)	muldāviya (f)	مولدافيا
Rússia (f)	rūsiya (f)	روسيا
Ucrânia (f)	ukrāniya (f)	أوكرانيا
Tajiquistão (m)	taʒīkistān (f)	طاجيكستان
Turquemenistão (m)	turkmānistān (f)	تركمانستان
Uzbequistão (f)	uzbikistān (f)	أوزبكستان

150. Asia

Ásia (f)	'āsiya (f)	آسيا
Vietname (m)	vitnām (f)	فيتنام
Índia (f)	al hind (f)	الهند
Israel (m)	isrā'īl (f)	إسرائيل
China (f)	aş şīn (f)	الصين
Líbano (m)	lubnān (f)	لبنان
Mongólia (f)	manɣūliya (f)	منغوليا
Malásia (f)	malīziya (f)	ماليزيا
Paquistão (m)	bakistān (f)	باكستان
Arábia (f) Saudita	as sa'ūdiyya (f)	السعوديّة
Tailândia (f)	taylānd (f)	تايلاند
Taiwan (m)	taywān (f)	تايوان
Turquia (f)	turkiya (f)	تركيا
Japão (m)	al yabān (f)	اليابان
Afeganistão (m)	afɣanistān (f)	أفغانستان
Bangladesh (m)	banʒladīʃ (f)	بنجلاديش

Indonésia (f)	indunīsiya (f)	إندونيسيا
Jordânia (f)	al urdun (m)	الأردن
Iraque (m)	al 'irāq (m)	العراق
Irão (m)	īrān (f)	إيران
Camboja (f)	kambūdya (f)	كمبوديا
Kuwait (m)	al kuwayt (f)	الكويت
Laos (m)	lawus (f)	لاوس
Myanmar (m), Birmânia (f)	myanmār (f)	ميانمار
Nepal (m)	nibāl (f)	نيبال
Emirados Árabes Unidos	al imārāt al 'arabiyya al muttaḥida (pl)	الإمارات العربيّة المتّحدة
Síria (f)	sūriya (f)	سوريا
Palestina (f)	filisṭīn (f)	فلسطين
Coreia do Sul (f)	kuriya al ʒanūbiyya (f)	كوريا الجنوبيّة
Coreia do Norte (f)	kūria aʃʃimāliyya (f)	كوريا الشماليّة

151. América do Norte

Estados Unidos da América	al wilāyāt al muttaḥida al amrīkiyya (pl)	الولايات المتّحدة الأمريكيّة
Canadá (m)	kanada (f)	كندا
México (m)	al maksīk (f)	المكسيك

152. América Central do Sul

Argentina (f)	arʒantīn (f)	الأرجنتين
Brasil (m)	al brazīl (f)	البرازيل
Colômbia (f)	kulumbiya (f)	كولومبيا
Cuba (f)	kūba (f)	كوبا
Chile (m)	tʃīli (f)	تشيلي
Bolívia (f)	bulīviya (f)	بوليفيا
Venezuela (f)	vinizwiyla (f)	فنزويلا
Paraguai (m)	baraɣwāy (f)	باراغواي
Peru (m)	biru (f)	بيرو
Suriname (m)	surinām (f)	سورينام
Uruguai (m)	uruɣwāy (f)	الأوروغواي
Equador (m)	al iqwadūr (f)	الإكوادور
Bahamas (f pl)	ʒuzur bahāmas (pl)	جزر باهاماس
Haiti (m)	haīti (f)	هايتي
República (f) Dominicana	ʒumhūriyyat ad duminikan (f)	جمهوريّة الدومينيكان
Panamá (m)	banama (f)	بنما
Jamaica (f)	ʒamāyka (f)	جامايكا

153. Africa

Egito (m)	miṣr (f)	مصر
Marrocos	al maɣrib (m)	المغرب
Tunísia (f)	tūnis (f)	تونس
Gana (f)	ɣāna (f)	غانا
Zanzibar (m)	zanʒibār (f)	زنجبار
Quénia (f)	kiniya (f)	كينيا
Líbia (f)	lībiya (f)	ليبيا
Madagáscar (m)	madaɣaʃqar (f)	مدغشقر
Namíbia (f)	namībiya (f)	ناميبيا
Senegal (m)	as siniɣāl (f)	السنغال
Tanzânia (f)	tanzāniya (f)	تنزانيا
África do Sul (f)	ʒumhūriyyat afrīqiya al ʒanūbiyya (f)	جمهريّة أفريقيا الجنويّة

154. Austrália. Oceania

Austrália (f)	usturāliya (f)	أستراليا
Nova Zelândia (f)	nyu zilanda (f)	نيوزيلندا
Tasmânia (f)	tasmāniya (f)	تاسمانيا
Polinésia Francesa (f)	bulinīziya al faransiyya (f)	بولينزيا الفرنسيّة

155. Cidades

Amesterdão	amstirdām (f)	أمستردام
Ancara	anqara (f)	أنقرة
Atenas	aθīna (f)	أثينا
Bagdade	baɣdād (f)	بغداد
Banguecoque	bankūk (f)	بانكوك
Barcelona	barʃalūna (f)	برشلونة
Beirute	bayrūt (f)	بيروت
Berlim	birlīn (f)	برلين
Bombaim	bumbāy (f)	بومباي
Bona	būn (f)	بون
Bordéus	burdu (f)	بوردو
Bratislava	bratislāva (f)	براتيسلافا
Bruxelas	brūksil (f)	بروكسل
Bucareste	buxarist (f)	بوخارست
Budapeste	budabist (f)	بودابست
Cairo	al qāhira (f)	القاهرة
Calcutá	kalkutta (f)	كلكتا
Chicago	ʃikāɣu (f)	شيكاغو
Cidade do México	madīnat maksiku (f)	مدينة مكسيكو
Copenhaga	kubinhāʒin (f)	كوبنهاجن

Dar es Salaam	dar as salām (f)	دار السلام
Deli	dilhi (f)	دلهي
Dubai	dibay (f)	دبي
Dublin, Dublim	dablin (f)	دبلن
Düsseldorf	dusildurf (f)	دوسلدورف
Estocolmo	stukhūlm (f)	ستوكهولم

Florença	flurinsa (f)	فلورنسا
Frankfurt	frankfurt (f)	فرانكفورت
Genebra	ʒinīv (f)	جنيف
Haia	lahāy (f)	لاهاي
Hamburgo	hamburɣ (m)	هامبورغ
Hanói	hanuy (f)	هانوي
Havana	havāna (f)	هافانا

Helsínquia	hilsinki (f)	هلسنكي
Hiroshima	hiruʃīma (f)	هيروشيما
Hong Kong	hunɣ kunɣ (f)	هونغ كونغ
Istambul	istanbūl (f)	إسطنبول
Jerusalém	al quds (f)	القدس

Kiev	kiyiv (f)	كييف
Kuala Lumpur	kuala lumpur (f)	كوالالمبور
Lisboa	liʃbūna (f)	لشبونة
Londres	lundun (f)	لندن
Los Angeles	lus anʒilis (f)	لوس أنجلوس
Lion	liyūn (f)	ليون

Madrid	madrīd (f)	مدريد
Marselha	marsīliya (f)	مرسيليا
Miami	mayāmi (f)	ميامي
Montreal	muntriyāl (f)	مونتريال
Moscovo	musku (f)	موسكو
Munique	myūniχ (f)	ميونخ

Nairóbi	nayrūbi (f)	نيروبي
Nápoles	nabuli (f)	نابولي
Nice	nīs (f)	نيس
Nova York	nyu yūrk (f)	نيويورك

Oslo	uslu (f)	أوسلو
Ottawa	uttawa (f)	أوتاوا
Paris	barīs (f)	باريس
Pequim	bikīn (f)	بيكين
Praga	brāɣ (f)	براغ

Rio de Janeiro	riu di ʒaniyru (f)	ريو دي جانيرو
Roma	rūma (f)	روما
São Petersburgo	sant bitirsburɣ (f)	سانت بطرسبرغ
Seul	siūl (f)	سيول
Singapura	sinɣafūra (f)	سنغافورة
Sydney	sidniy (f)	سيدني

Taipé	taybay (f)	تايبيه
Tóquio	tukyu (f)	طوكيو
Toronto	turūntu (f)	تورونتو

Varsóvia	warsaw (f)	وارسو
Veneza	al bunduqiyya (f)	البندقيّة
Viena	vyīna (f)	فيينا
Washington	wāʃinṭun (f)	واشنطن
Xangai	ʃanɣhāy (f)	شانغهاي

www.ingramcontent.com/pod-product-compliance
Lightning Source LLC
Chambersburg PA
CBHW070603050426
42450CB00011B/2969